Einfach können **GENDERN**

Duden

Einfach können
GENDERN

Von Johanna Usinger

1. Auflage

Dudenverlag
Berlin

INHALT

Vorwort

Unleserliche, lange Texte, die nur so vor Sternchen, Strichen und Doppelnennungen blinken – vielleicht ist das Ihre erste Assoziation, wenn Sie an gendergerechte Sprache denken!?

Vielleicht finden Sie das Gendersternchen auch richtig gut und wollen es anwenden – haben aber Bedenken, Fehler zu machen, und scheuen sich deshalb, überhaupt damit anzufangen.

Tagtäglich begegnen wir gendergerechter Sprache viel häufiger, als wir es auf den ersten Blick wahrnehmen. Denn neben Gendersternchen oder Doppelnennung gibt es noch viele weitere Möglichkeiten, gendergerecht zu schreiben und zu sprechen. Das kann auch ganz unsichtbar stattfinden: Texte bleiben kurz, sind gut verständlich und lesbar und schließen trotzdem alle Geschlechter mit ein. Sie kommen ohne Sonderzeichen und Stolpersteine aus. Das Schöne daran: Es ist noch dazu ganz einfach!

Dieses Buch unterstützt alle, die gendergerecht kommunizieren wollen, mit Handwerkszeug und Hilfestellungen: Sie brauchen nur 7 kreative Tipps und Tricks und die Gewöhnung an einige genderneutrale Wörter.

Vorschläge für diese Wörter finden Sie im umfangreichen Wörterbuchteil. Die genderneutralen Ausdrücke können in vielen Fällen eins zu eins eingesetzt werden. Das funktioniert aber – ähnlich wie bei einem Fremdsprachenwörterbuch – nicht immer, da manche Alternativen nicht ganz genau die gleiche Bedeutung haben.

Die Wortliste in diesem Buch beruht auf dem Online-Genderwörterbuch geschicktgendern.de, das 2015 von mir ins Leben gerufen und in Zusammenarbeit mit dem Webdesigner Philipp Müller, meinem Bruder, ehrenamtlich und unkommerziell umgesetzt wurde. Es war die erste deutschsprachige Website, die sich mit gendergerechter Sprache auseinandersetzte. Sie ist bis heute einer der meistbesuchten Webseiten zu diesem Thema. Im Vergleich zu anderen Seiten steht geschicktgendern.de unter eine Creative-Commons-Lizensierung und ist dadurch für alle, die Inspiration für gendergerechte Sprache suchen, frei und kostenlos, ohne Werbung und Tracking zugänglich.

Wir haben das Wörterbuch mit 150 Einträgen gestartet. Durch die Beteiligung der Crowd wächst es von Jahr zu Jahr. Wörter, die noch fehlen, oder neue genderneutrale Alternativen können eingereicht werden und werden dann in das Genderwörterbuch aufgenommen. So hat es mittlerweile weitaus mehr als zehnmal so viele Einträge.

In diesem Buch finden Sie ein Best-of des Genderwörterbuches, eine Zusammenstellung von ungefähr eintausend Wörtern, angereichert um Rechercheergebnisse aus dem Dudenkorpus. Die Ausdrücke sind so empirisch fundiert ausgewählt, einheitlich und systematisch dargestellt und um viele praktische Beispiele erweitert.

Wer sich schon länger an gendergerechter Sprache ausprobiert, hat an der ein oder anderen Stelle Fragen: Wie handhabe ich die Silbentrennung beim Gendersternchen? Welche besseren Formulierungen gibt es für *Sehr geehrte Damen und Herren*? Muss ich Personenbezeichnungen aus dem Englischen auch gendergerecht schreiben?

All diese Fragen erreichen mich über geschicktgendern.de und in Seminaren und Vorträgen zu gendergerechter Sprache. Die Webseite wurde deshalb erst um einen Blog, dann um ein FAQ erweitert. In diesem Buch finden Sie eine Auswahl der wichtigsten und häufigsten Fragen, inhaltlich aktualisiert und durch viele Beispiele veranschaulicht.

Gendergerecht zu schreiben, heißt Neues ausprobieren, mit verschiedenen Formen experimentieren und kreativ sein. Mit der Zeit entwickelt sich ein Blick dafür, welche Textstellen noch gendernswert sind, und wie man von vornherein Texte anders und damit gendergerecht schreibt. Es ist ein natürlicher Lernprozess, der ein bisschen Zeit braucht.

Deshalb ist mein Rat an Sie: Einfach loslegen! Einfach machen! Einfach können! Der Rest kommt von selbst. Ihr Bemühen, sich zumindest an gendergerechter Sprache zu versuchen, führt nach und nach dahin, alle Geschlechter in Sprache sichtbar zu machen.

Viel Spaß!
Johanna Usinger

I

GENDERNSWERTE TEXTSTELLEN ERKENNEN

Nicht gendergerechte Wörter in einem Text ausfindig zu machen, ist der erste Schritt bei der Anwendung von gendergerechter Sprache. Es ist anfangs erstaunlich, wie viele nicht gendergerechte Ausdrücke sich in Texten verstecken können.

Wie können Sie diese Textstellen entdecken?

Digitale Tools

Es gibt eine kleine Anzahl an Internetseiten, Apps und Programmen, die Texte auf nicht gendergerechte Wörter untersuchen.

Die meisten davon sind (teil-)kommerziell und erfordern zumindest die Einrichtung eines Profils oder die Angabe von personalisierten Daten, wenn man Texte oder Webseiten überprüfen lassen will. In den letzten Jahren versuchen einige Firmen in ihre Dienstleistungssoftwares, z. B. Content-Management-Programmen, Tools zu integrieren, um dort die Überprüfung auf gendergerechte Sprache für ihre Kundschaft direkt möglich zu machen.

Die Tools können hilfreich sein, wenn man sich neu mit dem Thema gendergerechte Sprache befasst. Sie markieren Textstellen, die noch nicht gendergerecht formuliert sind, und geben oft auch Alternativen wie die Doppelnennung oder das Gendersternchen, die man per Klick einfügen kann, ähnlich der Rechtschreibprüfung.

Die Programme sind nicht dazu fähig, Texte kreativ umzuformulieren. Neutrale Lösungen, wie hier im Wörterbuch, werden nur unzureichend vorgeschlagen.

Textstellen selbst finden

Es ist ganz einfach, nicht gendergerechten Textstellen selbst ausfindig zu machen. Wenn Sie auf die Suche gehen, werden Sie schnell einen Blick für gendergerechte Sprache entwickeln. Dadurch sind Sie bald in der Lage, Texte von vornherein gendergerecht zu schreiben.

Generell ist es sinnvoll, nur Substantive, die Personen beschreiben (*Schüler, Busfahrer, ...*) oder beinhalten (*Seniorenticket, Patientenzimmer, ...*), und Pronomen (*jeder, der ..., er, ...*) gendergerecht zu formulieren. Gegenstände werden nicht gegendert (*Drucker, Teller, ...*).

❶ Suchen Sie also nach Personenbezeichnungen und Pronomen im Text.

Beziehen sich diese auf konkrete Personen, dann ist eine genderneutrale Umformulierung nicht notwendig. ✓

ODER

Beziehen sich diese auf Personen, deren Geschlecht nicht bekannt ist, oder auf Personengruppen mit mehreren Geschlechtern, dann gehen Sie einen Schritt weiter.

⇩

❷ Gibt es eine feminine Variante des Wortes?

Ja! Es gibt eine feminine Variante des Wortes. Dann ist das Wort noch nicht gendergerecht und Sie können nach einer Alternative suchen.

> ***Absolventen*** *der Hochschule gründeten einen Alumniverein.*
> → *Absolventinnen (f.)* gibt es, daher ist *Absolventen* noch nicht gendergerecht.
> → ***Absolventinnen und Absolventen*** *der Hochschule gründeten einen Alumniverein.*

> ***Der Vorgesetzte*** *kümmert sich um folgende Aufgaben in der Abteilung: ...*
> → *die Vorgesetzte (f.)* gibt es, daher ist *der Vorgesetzte* noch nicht gendergerecht.
> → ***Die Führungskraft*** *kümmert sich um folgende Aufgaben in der Abteilung: ...*

Nein! Es gibt keine eigene feminine Variante des Wortes. Dann ist das Wort wahrscheinlich schon gendergerecht formuliert.

> ***Die Vorgesetzten*** *trafen sich um 9 Uhr zu einer Besprechung im Raum 3.*
> → *die Vorgesetzten (f. = m.)* ✓ Der Satz ist bereits gendergerecht.

> ***Die Studierenden*** *präsentieren ihre Projekte zwischen 15 und 16 Uhr anhand einer Posterpräsentation im Foyer.* → *die Studierenden (f. = m.)* ✓ Der Satz ist bereits gendergerecht.

Etwas kniffeliger ist es bei zusammengesetzten Substantiven. Diese können ebenfalls nicht gendergerecht sein:

❸ **Suchen Sie also auch nach Substantiven, deren erster Wortteil eine Personengruppe beschreibt.** Hat diese eine feminine Variante, wird gendergerecht umformuliert, sonst nicht:

> ***Forscher**team* → *Forscherinnen (f.)* → *Forschungsteam*
> ***Anfänger**kurs* → *Anfängerinnen (f.)* → *Einstiegskurs, Grundkurs*
> ***benutzer**freundlich* → *Benutzerinnen (f.)* → *bedienungsfreundlich; leicht zu benutzen*
> ***Wähler**schaft* → *Wählerinnen (f.)* → *Wähler/-innenschaft*
>
> ***Abgeordneten**immunität* → *die Abgeordneten* ***(f. = m.)*** → *Abgeordnetenimmunität* bleibt

In diesem Textabschnitt finden sich zehn nicht gegenderte Textstellen:

> *Die Software wurde für* ***Manager*** *und* ***Geschäftsführer*** *von großen Institutionen (mehr als 300* ***Mitarbeiter****) erstellt und ist besonders für* ***Anfänger*** *sehr* ***benutzer-****freundlich.* ***Jeder, der*** *die Software zum ersten Mal verwendet, wird erstaunt sein, wie leicht sie zu bedienen ist. Durch den Downloadlink können* ***Anwender*** *die Software unkompliziert installieren. Bei Problemen stehen den Firmen außerdem unsere* ***Techniker*** *rund um die Uhr zur Verfügung:* ***Der jeweils zuständige IT-Experte*** *schaltet sich sofort online zu. Außerdem ist innerhalb von 24 Stunden ein* ***Vertreter*** *unserer Firma vor Ort.*

Dieser Text kann auf verschiedene Arten gendergerecht geschrieben werden:

- **Mit Doppelnennung**
  Die Software wurde für ***Managerinnen und Manager*** *und* ***Geschäftsführerinnen und Geschäftsführer*** *von großen Institutionen (mehr als 300* ***Mitarbeiterinnen und Mitarbeiter****) erstellt und ist besonders für* ***Anfängerinnen und Anfänger*** *sehr*

***benutzerinnen- und benutzerfreundlich. Jede und jeder, die und der** die Software zum ersten Mal verwendet, wird erstaunt sein, wie leicht sie zu bedienen ist. Durch den Downloadlink können **Anwenderinnen und Anwender** die Software unkompliziert installieren. Bei Problemen stehen den Firmen außerdem unsere **Technikerinnen und Techniker** rund um die Uhr zur Verfügung: **Die oder der jeweils zuständige IT-Expertin oder IT-Experte** schaltet sich sofort online zu. Außerdem ist innerhalb von 24 Stunden **eine Vertreterin oder ein Vertreter** unserer Firma vor Ort.*

- **Mit Gendersternchen**

*Die Software wurde für **Manager*innen** und **Geschäftsführer*innen** von großen Institutionen (mehr als 300 **Mitarbeiter*innen**) erstellt und ist besonders für **Anfänger*innen** sehr **benutzer*innenfreundlich. Jede*r, die*der** die Software zum ersten Mal verwendet, wird erstaunt sein, wie leicht sie zu bedienen ist. Durch den Downloadlink können **Anwender*innen** die Software unkompliziert installieren. Bei Problemen stehen den Firmen außerdem unsere **Techniker*innen** rund um die Uhr zur Verfügung: **Der*Die jeweils zuständige IT-Expert*in** schaltet sich sofort online zu. Außerdem ist innerhalb von 24 Stunden **ein*e Vertreter*in** unserer Firma vor Ort.*

- **Kreativ umformuliert**

*Die Software wurde für **Führungskräfte** und **Geschäftsführungen** von großen Institutionen (mehr als 300 **Angestellte**) erstellt und ist besonders für **Menschen ohne Vorkenntnisse** sehr **leicht zu bedienen. Alle, die** die Software zum ersten Mal verwenden, werden erstaunt sein, wie leicht sie zu bedienen ist. Durch den Downloadlink **kann die Software unkompliziert installiert werden.** Bei Problemen steht den Firmen außerdem unser **Technikteam** rund um die Uhr zur Verfügung: **Die jeweils zuständigen IT-Fachleute** schalten sich sofort online zu. Außerdem machen wir innerhalb von 24 Stunden auch einen **persönlichen Support** vor Ort möglich.*

II

SPRACHLICHE MÖGLICHKEITEN

Kleine Chronologie des Genderns

Gendergerechte Sprache ist im ständigen Wandel. So entwickeln sich bereits seit ca. 50 Jahren immer wieder neue gendergerechte Schreibweisen und Formulierungen. Sie werden im Schreiben und Sprechen ausprobiert. Daraus ergeben sich Erfahrungen, wie sie gehandhabt werden können. Manche Varianten werden wieder verworfen, andere weiterentwickelt. Oder es entstehen wieder ganz neue Ideen, die dann wieder ausprobiert werden.

Die älteste gendergerechte Formulierung ist die Doppelnennung: *Musikerinnen und Musiker*. Sie ist bekannt und üblich.

Von der Doppelnennung ausgehend, haben sich Sparschreibungen entwickelt, also verkürzte Formen, um Zeichen zu sparen: *Musikerinnen und Musiker* wird zu *Musiker/-innen* oder *Musiker(innen)*. Sie wurden lange Zeit als gendergerechte Schreibweisen wahrgenommen. Heute sind sie wieder seltener zu finden, da der Eindruck entstehen kann, dass die feminine Form durch die Einklammerung oder als Anhängsel hinter dem Schrägstrich zweitrangig sei.

Im Feminismus der 1980er-Jahre haben Aktivistinnen nach Lösungen gesucht, um Frauen in Sprache sichtbarer zu machen, und zum Beispiel das Binnen-I als neue Form gefunden: *MusikerInnen*.

Seit vielen Jahren machen sich Menschen, die sich weder als männlich noch als weiblich bezeichnen möchten oder können, darüber Gedanken, wie mehr als zwei Geschlechter in der deutschen Sprache sichtbar werden können. Gendersternchen und Genderunterstrich sind aus diesen Überlegungen entstanden und werden seit vielen Jahren ausprobiert: *Musiker*innen*, *Musiker_innen*. Vor allem das Gendersternchen ist inzwischen weit verbreitet – und das nicht nur beim Schreiben, sondern auch beim Sprechen. Zwischen *Musiker* und **innen* wird dann eine kleine, kaum hörbare Pause gesetzt. Diese Pause gibt es im Deutschen vor Vokalen auch an anderen Stellen: z. B. im *Tunneleingang* (*Tunnel-eingang* statt *Tunnelein-gang*) oder *The-ater*.

Auch mit anderen Schreibweisen wird in den letzten Jahren vermehrt experimentiert. Einige werden häufig genutzt wie der Doppelpunkt (*Musiker:innen*), der irrtümlicherweise als barrierefrei gilt. Andere haben sich nicht durchgesetzt, wie z. B. das Ausrufezeichen als umgedrehtes i: *Musiker!nnen*. Wieder andere sind bisher einfach nicht umsetzbar, wie das i mit Sternchen als i-Punkt, da es digital noch nicht über die Tastatur erzeugt werden kann.

Jede Schreibweise hat ihre Entstehungsgeschichte. Alle Möglichkeiten unterscheiden sich voneinander. Jede Variante hat den Fokus auf einem anderen Aspekt: Einige machen alle Geschlechter sichtbar, andere wollen mit möglichst wenig Zeichen auskommen. Einige brechen den Text bewusst auf, andere sind eher unscheinbar und dadurch niedrigschwellig.

Was alle gendergerechten Formulierungen, egal ob Doppelnennung, Gendersternchen oder neutrale Formen, gemein haben: Sie sind ein Versuch, Frauen, und vermehrt auch Menschen aller Geschlechter, in Sprache sichtbar zu machen und das scheinbar generische Maskulinum zu ersetzen. Sie zeigen unsere vielfältigen Lebensrealitäten und sind dadurch präzise. Sie folgen dem demokratischen Prinzip, dass alle Menschen – egal welchen Geschlechts – in unserer Gesellschaft gleichberechtigt sind.

Vor- und Nachteile im Überblick

Es gibt nicht *die eine* gendergerechte Sprache. Eine Variante ist nicht immer und in jeder Situation besser als die andere. Auf den nachfolgenden Seiten werden verschiedene Möglichkeiten mit ihren Vor- und Nachteilen vorgestellt, von den etablierten bis hin zu weniger verbreiteten Varianten.

DOPPELNENNUNG (auch: Paarform, Beidnennung)

die Lehrerinnen oder Lehrer

BEISPIELSÄTZE

- *An der Schule arbeiten dreißig Lehrerinnen und Lehrer.*
- *Jede Lehrerin und jeder Lehrer hat Anspruch auf einen Dienstlaptop.*
- *Wer Lehrerin oder Lehrer werden möchte, muss ein Hochschulstudium absolvieren.*

VORTEILE

- ✓ Frauen und Männer werden gleichermaßen und explizit einbezogen.
- ✓ hat eine breite Akzeptanz in der Gesellschaft
- ✓ entspricht den deutschen Rechtschreibregeln
- ✓ Lesefluss wird beibehalten.
- ✓ ist barrierefrei

NACHTEILE

- × Menschen anderer Geschlechter werden nicht angesprochen.
- × Texte werden lang.

NEUTRALE FORMEN

die Lehrkräfte

BEISPIELSÄTZE

- *An der Schule arbeiten dreißig Lehrkräfte.*
- *Jede Lehrkraft hat Anspruch auf einen Dienstlaptop.*
- *Wer Lehrkraft werden möchte, muss ein Hochschulstudium absolvieren.*

VORTEILE

✓ Menschen aller Geschlechter werden einbezogen.
✓ Viele neutrale Wörter (*Studierende, Pflegekräfte, Teilnehmende* …) sind seit Längerem etabliert.
✓ entspricht den deutschen Rechtschreibregeln
✓ Lesefluss wird beibehalten.
✓ ist barrierefrei
✓ Wortneuschöpfungen sind möglich: *Powermensch* statt *Powerfrau*; *Herzensmensch* statt *Liebespartner*; *Teilnahmeliste* statt *Teilnehmerliste*.

NACHTEILE

× Einige Wörter sind ungewohnt (*die Teilnehmendenliste*), andere stoßen auf Ablehnung (*die Gehenden*).
× Personen können bei einigen Wörtern entpersonalisiert werden und wirken unpersönlich: *Lehrkraft* statt *Lehrerin*; *Chorleitung* statt *Chorleiter*.
× Es gibt nicht für alle Personenbezeichnungen geschickte neutrale Alternativen: *Handwerksmeister*, *Klassenkamerad*, *Seelsorger*.

SCHRÄGSTRICH

die Lehrer/innen
die Lehrer/-innen

BEISPIELSÄTZE

- *An der Schule arbeiten dreißig Lehrer/innen.*
  An der Schule arbeiten dreißig Lehrer/-innen.
- *Jede/r Lehrer/in hat Anspruch auf einen Dienstlaptop.*
  Jede/-r Lehrer/-in hat Anspruch auf einen Dienstlaptop.
- *Wer Lehrer/in werden möchte, muss ein Hochschulstudium absolvieren.*
  Wer Lehrer/-in werden möchte, muss ein Hochschulstudium absolvieren.

VORTEILE

✓ Frauen und Männer werden explizit einbezogen.
✓ ist bekannt, vor allem in formalen Kontexten
✓ Schreibweise mit Bindestrich (*Lehrer/-innen)* entspricht dem amtlichen Regelwerk.

NACHTEILE

× Frauen werden zweitrangig genannt, was als abwertend interpretiert werden kann.
× Menschen anderer Geschlechter werden nicht einbezogen.
× Lesefluss wird gestört.
× ist nicht barrierefrei
× Üblich, jedoch grammatikalisch oftmals nicht korrekt einsetzbar: *Den Arbeiter/-innen stehen 30 Urlaubstage zu.*
× Grammatikalisch korrekt, aber nicht üblich: *Den Arbeiter-/-inne-/-n stehen 30 Urlaubstage zu.* bzw. *Den Arbeitern/-innen stehen 30 Urlaubstage zu.*

GENDERSTERNCHEN (auch: Genderstern, Sternchen, Asterisk)

*die Lehrer*innen*

BEISPIELSÄTZE

- *An der Schule arbeiten dreißig Lehrer*innen.*
- *Jede*r Lehrer*in hat Anspruch auf einen Dienstlaptop.*
- *Wer Lehrer*in werden möchte, muss ein Hochschulstudium absolvieren.*

VORTEILE

✓ Menschen aller Geschlechter werden einbezogen.
✓ wurde von Menschen entwickelt, die sich selbst weder dem männlichen noch dem weiblichen Geschlecht zuordnen können oder möchten
✓ Die Strahlen des Gendersternchens stehen für die Geschlechtervielfalt.
✓ ist mittlerweile weit verbreitet
✓ funktioniert gut im Plural
✓ gilt aktuell als barrierefreistes Sonderzeichen, wenn Doppelnennung, neutrale Formen und Umformulierungen nicht möglich sind (vgl. **Barrierefreiheit**, Seite 62)

NACHTEILE

× ist nicht von der Rechtschreibnorm abgedeckt, d. h., es gibt im amtlichen Regelwerk bisher keine Regelungen, die das Gendersternchen betreffen
× Lesefluss wird bei zu dichter Folge von Gendersternchen gestört.
× im Singular oft nicht gut einsetzbar und deshalb unüblich: *mit einem*r Freund*in* → besser im Plural: *mit (den) Freund*innen*

DOPPELPUNKT

die Lehrer:innen

BEISPIELSÄTZE

- *An der Schule arbeiten dreißig Lehrer:innen.*
- *Jede:r Lehrer:in hat Anspruch auf einen Dienstlaptop.*
- *Wer Lehrer:in werden möchte, muss ein Hochschulstudium absolvieren.*

VORTEILE

✓ Menschen aller Geschlechter werden einbezogen.
✓ ist verbreitet und beliebt
✓ schränkt den Lesefluss nur leicht ein
✓ ist ein schlankes, unauffälliges Zeichen

NACHTEILE

× ist nicht von der Rechtschreibnorm abgedeckt
× im Singular oft nicht gut einsetzbar und deshalb unüblich: *mit einem:r Freund:in* → besser im Plural: *mit (den) Freund:innen*
× Ist nicht barrierefrei: Der Doppelpunkt galt bis vor Kurzem im Vergleich zu anderen gendergerechten Sonderzeichen als barrierefreier. In Screenreadern für blinde und sehbehinderte Menschen wird an seiner Stelle eine Pause gelassen (*Freund:innen* → vorgelesen *»Freund innen«*). Andere Sonderzeichen werden explizit vorgelesen (*Freund*innen* → vorgelesen *»Freund Sternchen innen«*). Aus diesem Grund wurde der Doppelpunkt in vielen Institutionen, Unternehmen und Medien als gendergerechtes Zeichen eingeführt. Er ist allerdings nicht barrierefreier als andere Sonderzeichen, da zum Beispiel Menschen mit Sehbeeinträchtigung den Doppelpunkt beim Lesen eines Textes nur schwer oder gar nicht erkennen können. Mehr Infos zu Barrierefreiheit und gendergerechter Sprache gibt es im Kapitel XXX.

EINKLAMMERUNG

die Lehrer(innen)

BEISPIELSÄTZE

- *An der Schule arbeiten dreißig Lehrer(innen).*
- *Jede(r) Lehrer(in) hat Anspruch auf einen Dienstlaptop.*
- *Wer Lehrer(in) werden möchte, muss ein Hochschulstudium absolvieren.*

VORTEILE

✓ Frauen und Männer werden einbezogen.
✓ ist bekannt
✓ entspricht den deutschen Rechtschreibregeln

NACHTEILE

× Menschen anderer Geschlechter werden nicht einbezogen.
× Frauen werden zweitrangig genannt, was als Anhängsel interpretiert werden kann.
× Lesefluss wird gestört.
× ist nicht barrierefrei

UNTERSTRICH (auch: Gendergap)

die Lehrer_innen

BEISPIELSÄTZE

- *An der Schule arbeiten dreißig Lehrer_innen.*
- *Jede_r Lehrer_in hat Anspruch auf einen Dienstlaptop.*
- *Wer Lehrer_in werden möchte, muss ein Hochschulstudium absolvieren.*

VORTEILE

✓ Menschen aller Geschlechter werden einbezogen.
✓ wurde von Menschen entwickelt, die sich selbst weder dem männlichen noch dem weiblichen Geschlecht zuordnen können oder möchten
✓ bricht das Wort bewusst auf und macht zwischen männlichem und weiblichen Geschlecht Platz für weitere Geschlechter

NACHTEILE

× ist nicht von der Rechtschreibnorm abgedeckt
× ist nicht barrierefrei
× Lesefluss wird gestört.
× im Singular oft nicht gut einsetzbar und deshalb unüblich: *mit einem_r Freund_in* → besser im Plural: *mit (den) Freund_innen*
× ist besonders problematisch in unterstrichenen Texten (*Politiker innen stehen immer häufiger unter Stress*) und in Hyperlinks (*https://www.irgendeinezeitung.de/artikel-über-Landwirt innen*), da der Unterstrich nicht immer sichtbar bleibt

BINNEN-I

die LehrerInnen

BEISPIELSÄTZE

- *An der Schule arbeiten dreißig LehrerInnen.*
- *JedeR LehrerIn hat Anspruch auf einen Dienstlaptop.*
- *Wer LehrerIn werden möchte, muss ein Hochschulstudium absolvieren.*

VORTEILE

✓ Frauen und Männer werden einbezogen.
✓ bewirkt laut Studien am stärksten, dass Frauen mitgedacht werden
✓ wurde von Menschen entwickelt, die sich feministisch für die Sichtbarkeit von Frauen in der deutschen Sprache engagieren
✓ kein Sonderzeichen notwendig
✓ Lesefluss bleibt weitestgehend erhalten.

NACHTEILE

× Menschen anderer Geschlechter werden nicht einbezogen.
× ist nicht von der Rechtschreibnorm abgedeckt
× ist nicht barrierefrei
× kann als Tippfehler missverstanden werden

MASKULIN UND FEMININ IM WECHSEL

die Pfleger, Ärztinnen, Ergotherapeuten und Geburtshelferinnen

BEISPIELSÄTZE

- *An der Schule arbeiten hundert Lehrerinnen, drei Schulköche, zwei Sekretäre und zwei Hausmeisterinnen.*
- *Jede Lehrerin und jeder Sozialpädagoge hat Anspruch auf einen Dienstlaptop.*
- *Wer Lehrerin oder Dozent werden möchte, muss ein Hochschulstudium absolvieren.*

VORTEILE

✓ Frauen und Männer werden explizit genannt.
✓ Texte werden kaum länger.
✓ funktioniert gut bei Aufzählung mehrerer Personengruppen
✓ ist barrierefrei
✓ Lesefluss bleibt erhalten.
✓ entspricht den deutschen Rechtschreibregeln
✓ Rollenzuschreibungen können bewusst aufgebrochen werden (vgl. **Feinschliff**, Seite 42).

NACHTEILE

× Menschen anderer Geschlechter werden nicht einbezogen.
× Es kann je nach Kontext unklar bleiben, wann die Form für alle Geschlechter gilt oder wann nur Männer oder nur Frauen gemeint sind: *In der Talkshow diskutierten Politiker und Wissenschaftlerinnen über den Umgang mit der Klimakrise.* → Waren nur (männliche) Politiker und (weibliche) Wissenschaftlerinnen vor Ort oder ist die Formulierung gendergerecht gemeint?

FUSSNOTE

die Lehrer[1]

BEISPIELSÄTZE

- *An der Schule arbeiten dreißig Lehrer*[1].
- *Jeder Lehrer hat Anspruch auf einen Dienstlaptop.*
- *Wer Lehrer werden möchte, muss ein Hochschulstudium absolvieren.*

VORTEILE

✓ Gendergerechte Sprache wird zumindest an einer Stelle im Text thematisiert.
✓ entspricht den deutschen Rechtschreibregeln
✓ ist vergleichsweise barrierefrei
✓ Lesefluss bleibt erhalten.
✓ Texte bleiben kurz.

NACHTEILE

× Im Text selbst wird keine gendergerechte Sprache genutzt. Wer die Fußnote überlesen hat oder später im Text eingestiegen ist, erkennt das Bemühen um gendergerechte Sprache im Text nicht.
× Frauen und Menschen anderer Geschlechter bleiben im Verlauf des Textes weiterhin unsichtbar.

---

1 *Um den Lesefluss nicht zu beeinträchtigen, wird hier und im folgenden Text zwar nur die maskuline Form genannt, stets sind aber Menschen aller Geschlechter gleichermaßen mitgemeint.*

Wie es noch gehen könnte

Es gibt viele weitere Überlegungen, wie gendergerechte Sprache umgesetzt werden kann. Die folgenden Beispiele sind experimentelle Lösungen. Sie sollen bewusst irritieren und Lesegewohnheiten absichtlich aufbrechen.

Sternchen hinter *Frauen/Männer* *Frauen*, Männer**

Am Ende des Wortes *Frauen* bzw. *Männer* wird ein Sternchen gesetzt. Das Sternchen zeigt an, dass mit der Personengruppe *Frauen** alle Menschen gemeint sind, die sich als Frau definieren oder bezeichnen möchten.
Es macht die Vielfalt aller Frauen, auch queerer Frauen, sichtbar und bricht die Vorstellung einer Zweigeschlechtlichkeit Mann – Frau auf.

Generisches Femininum *Vertreterinnen*

Alle Formen werden im Femininum geschrieben. Wie beim generischen Maskulinum sind alle anderen Geschlechter mitgemeint.

Dynamischer Unterstrich *Archite_ktinnen*

Ein Unterstrich wird mitten im Wort, unabhängig der Silbentrennung gesetzt, um das Wort bewusst aufzubrechen.

X- und Doppelsternchenform *Prüfxs/Prüf***

An den Wortstamm wird statt einer maskulinen oder femininen Endung ein *-x* oder zwei Sternchen gesetzt.

Genderpunkt *Dachdecker.innen*

Vor der Endung *-innen* wird ein Punkt gesetzt, analog dem Gendersternchen, Unterstrich und Doppelpunkt.

Gradzeichen *Autor°innen*

Vor der Endung *-innen* wird ein Gradzeichen gesetzt, analog dem Gendersternchen, Unterstrich und Doppelpunkt.

Ausrufezeichen *Sachbearbeiter!nnen*

Ein Ausrufezeichen wird anstelle des Binnen-I gesetzt wie ein umgedrehtes i.

i mit Gendersternchen *Lotsinnen*

Ein i mit einem Sternchen statt einem i-Punkt wird anstelle des Binnen-I gesetzt. Das Zeichen existiert digital noch nicht.

Trema *Kämpferïnnen*

Das i mit zwei Punkten wird analog des Binnen-I gesetzt. Der Buchstabe kann über die Tastenkombination Alt+0239 erstellt werden.

Permanent gesetzte Fußnoten *Die Ärztin[1] und der Krankenpfleger[2] arbeiten eng zusammen. Die Patienten[2] sind gut betreut.*

Im ganzen Text wird jedes Substantiv mit Personenbezug mit einer Fußnote versehen.

---

1 *Um den Lesefluss nicht zu beeinträchtigen, wird hier nur die feminine Form genannt, doch sind Menschen aller Geschlechter gleichermaßen mitgemeint.*

2 *Um den Lesefluss nicht zu beeinträchtigen, wird hier nur die maskuline Form genannt, doch sind Menschen aller Geschlechter gleichermaßen mitgemeint.*

Übersicht der Möglichkeiten

	Für Frauen und Männer	Alle Geschlechter	Entspricht Rechtschreibnorm
Doppelnennung (S. 20)	✓	×	✓
Neutrale Formen (S. 21)	✓	✓	✓
Schrägstrich (S. 22)	✓	×	✓
Gendersternchen (S. 23)	✓	✓	×
Doppelpunkt (S. 24)	✓	✓	×
Einklammerung (S. 25)	✓	×	✓
Unterstrich (S. 26)	✓	✓	×
Binnen-I (S. 27)	✓	×	×
m/f abwechselnd (S. 28)	✓	×	✓
Fußnote (S. 29)	≈	≈	✓

✓ trifft zu ≈ trifft zum Teil zu × trifft nicht zu

Lesefluss bleibt	Textlänge kurz	Gesellschaftlich akzeptiert	Barrierefrei
✓	×	✓	✓
✓	✓	≈	✓
≈	✓	✓	×
≈	✓	≈	≈
≈	✓	≈	≈
≈	✓	≈	×
≈	✓	≈	×
✓	✓	≈	×
✓	✓	≈	✓
✓	✓	≈	✓

GESCHICKT GENDERN

7 kreative Tipps und Tricks

In nicht gendergerechten Texten können die bisher vorgestellten Möglichkeiten beliebig eingesetzt werden. Die Satzstrukturen des ursprünglichen Textes bleiben erhalten.

Am Wochenende ist mit Staus zu rechnen, da viele Urlauber auf den Autobahnen unterwegs sein werden.
→ *Am Wochenende ist mit Staus zu rechnen, da viele Urlauberinnen und Urlauber / Urlauber*innen/UrlauberInnen/… auf den Autobahnen unterwegs sein werden.*

Diese Varianten alleine lassen Texte oft eintönig oder unübersichtlich wirken. Im Folgenden werden 7 kreative Tipps und Tricks vorgestellt, mit denen Texte von vornherein gendergerecht geschrieben werden können. Dabei wird gleich so formuliert, dass das Geschlecht irrelevant wird.

1. FORMULIEREN SIE ES ANDERS!

Sie können Sätze kreativ umformulieren, um die Nennung von Personengruppen zu vermeiden und dadurch genderneutral zu schreiben. Im Text kommt das Geschlecht nicht mehr explizit vor. Der Inhalt bleibt erhalten und der Text wird genderneutral – ohne Doppelnennung oder Sonderzeichen.

Teilnehmer des Grundkurses Business English können sich die Hälfte der Kosten von ihrem Arbeitgeber erstatten lassen.
→ *Alle, die an einem Grundkurs Business English teilnehmen, können sich die Hälfte der Kosten von ihrem Unternehmen erstatten lassen.*

Der Antragsteller muss die Dokumente bis zum Monatsende einreichen.
→ *Wenn Sie einen Antrag stellen, müssen Sie die Dokumente bis zum Monatsende einreichen.*
→ *Wer einen Antrag stellt, muss die Dokumente bis zum Monatsende einreichen.*

Radfahrer müssen absteigen.
→ *Fahrräder bitte schieben.*

Zum Festival kamen viele Besucher.
→ *Das Festival war gut besucht.*

2. SAGEN SIE ES NEUTRAL!

An vielen Textstellen können neutrale Formen einen nicht gendergerechten Ausdruck eins zu eins ersetzen. Schauen Sie als Inspiration im **WÖRTERBUCH** (S. 65) nach oder werden Sie selbst kreativ.

In der Mitte des Workshops gibt es eine kurze Raucherpause.
→ *In der Mitte des Workshops gibt es eine kurze Zigarettenpause.*
→ *In der Mitte des Workshops gibt es eine kurze Pause.*

Seit dem Betriebsfest ist die Stimmung unter den Mitarbeitern besser geworden.
→ *Seit dem Betriebsfest ist die Stimmung im Team besser geworden.*
→ *Seit dem Betriebsfest ist die Stimmung in der Abteilung besser geworden.*

Frau Dr. Schmitt trat ans Rednerpult.
→ *Frau Dr. Schmitt trat ans Redepult.*

3. GEHT FAST IMMER! *PERSON*, *MENSCH*, *LEUTE*

Wenn Ihnen keine neutralen Alternativen einfallen, können Sie einzelne Personen oder Gruppen mithilfe von *Person*, *Mensch* oder *Leute* genderneutral benennen.

Der Kursleiter wird Ihnen den Anmeldebogen aushändigen.
→ *Die Person, die den Kurs leitet, wird Ihnen den Anmeldebogen aushändigen.*

Bei Fragen zu Ihrem Antrag wenden Sie sich an den zuständigen Sachbearbeiter.
→ *Bei Fragen zu Ihrem Antrag wenden Sie sich an die zuständige Person/ Ansprechperson.*

Wie viele Teilnehmer gab es?
→ *Wie viele Personen/Menschen/Leute haben teilgenommen?*

Sind Sie ein Abenteurer?
→ *Sind Sie ein Abenteuermensch?*

Die Fortbildung wird mit zwei Nachrückern aufgefüllt.
→ *Die Fortbildung wird mit zwei nachrückenden Personen aufgefüllt.*

4. MUT ZUR LÜCKE! WEGLASSEN

In vielen Fällen ist die Nennung des Geschlechts für den Inhalt, das Textverständnis oder den Kontext des Textes überhaupt nicht relevant – und kann einfach weggelassen werden.

Radfahrer bitte absteigen!
→ *Bitte absteigen!*

Die Mitarbeiter der Beratungsstelle bieten täglich eine offene Sprechstunde an.
→ *Die Beratungsstelle bietet täglich eine offene Sprechstunde an.*

Um am Programm teilnehmen zu können, müssen alle ein Benutzerkonto einrichten.
→ *Um am Programm teilnehmen zu können, müssen alle ein Konto einrichten.*

Bewerbungen können beim Kollegen am Infopoint abgegeben werden.
→ *Bewerbungen können am Infopoint abgegeben werden.*

Kurz vor dem Auftritt der bekannten Festivalband breitete sich in der Zuschauermenge Unruhe aus.
→ *Kurz vor dem Auftritt der bekannten Festivalband breitete sich in der Menge Unruhe aus.*

5. AUS EINS MACH' VIELE – PLURAL HILFT!

Oft ist es möglich, Personenbezeichnungen in die Mehrzahl zu setzen und dadurch genderneutrale Formen zu finden. Das funktioniert immer dann, wenn sie von Partizipien (*vorsitzend* → *Vorsitzende*) oder Adjektiven (*verantwortlich* → *Verantwortliche*) ausgehend gebildet wurden.

Der jeweilige Vorsitzende ist dafür zuständig, zu den monatlichen Teamtreffen einzuladen.
→ *Die jeweiligen Vorsitzenden sind dafür zuständig, zu den monatlichen Teamtreffen einzuladen.*

Jede Alleinerziehende hat pandemiebedingt Anspruch auf 60 Kinderkrankentage pro Jahr.
→ *Alle Alleinerziehenden haben pandemiebedingt Anspruch auf 60 Kinderkrankentage pro Jahr.*

Jeder Abgeordnete hat ein Büro und kann Personal einstellen.
→ *Alle Abgeordneten haben ein Büro und können Personal einstellen.*

Als Minderjähriger musst du in Begleitung eines Erwachsenen kommen.
→ *Minderjährige müssen in Begleitung Erwachsener kommen.*

Der Verantwortliche für den Brandschutz muss einmal im Jahr eine Schulung besuchen.
→ *Verantwortliche für den Brandschutz müssen einmal im Jahr eine Schulung besuchen.*

6. GANZ PERSÖNLICH! DIREKTE ANSPRACHE

Mit der direkten Anrede werden Texte genderneutral und noch persönlicher und freundlicher. Das gilt vor allem für Aufforderungen, Hinweisschilder oder in der Werbung.

Museumsbesucher müssen Taschen und Mäntel in den Schließfächern einschließen.
→ *Bitte schließen Sie Ihre Taschen und Mäntel in den Schließfächern ein.*

Mitarbeiter müssen ihren Jahresurlaub bis Oktober in den Kalender eintragen.
→ *Bitte tragen Sie Ihren Jahresurlaub bis Oktober in den Kalender ein.*

Antragsteller müssen die Unterlagen und Nachweise unbedingt fristgerecht einreichen.
→ *Sie müssen die Unterlagen und Nachweise unbedingt fristgerecht einreichen.*

Bewerbungsgespräche: Bewerber werden abgeholt.
→ *Bewerbungsgespräche: Bitte warten Sie hier. Sie werden abgeholt.*

7. GANZ KURZ!

In der internen Unternehmenskommunikation oder in Arbeitsdokumenten werden Wörter, die häufig vorkommen, oft abgekürzt. Die Abkürzungen sind eine geschickte Möglichkeit, genderneutral zu schreiben, ohne Doppelnennung oder Gendersternchen zu verwenden. Abkürzungen funktionieren gut z. B. in Protokollen, Projektplänen und internen Newslettern.

Der Kurs wurde von 16 Teilnehmern besucht. Die Teilnehmer waren zwischen 35 und 47 Jahren alt.
→ *Der Kurs wurde von 16 TN besucht. Die TN waren zwischen 35 und 47 Jahren alt.*

Am Mittwoch findet die Abteilungsleiterrunde statt.
→ *Am Mittwoch findet die AL-Runde statt.*

Die Projektleiter stimmen sich wöchentlich ab.
→ *Die PL stimmen sich wöchentlich ab.*

Eine AG aus Schülern und Lehrkräften bereitet das Schulfest vor.
→ *Eine AG aus SuS und Lehrkräften bereitet das Schulfest vor.*

Das Unternehmen zählt aktuell 450 Mitarbeiter.
→ *Das Unternehmen zählt aktuell 450 MA.*

Für die externen Kommunikation sind Abkürzungen nur empfehlenswert, wenn sie für die Zielgruppe verständlich sind.

Am Sonntag entscheidet sich die Kanzler-Frage.
→ *Am Sonntag entscheidet sich die K-Frage.*

Auf der Ministerpräsidentenkonferenz wurde über neue Maßnahmen diskutiert.
→ *Auf der MPK wurde über neue Maßnahmen diskutiert.*

In einer Ringvorlesung werden Vorträge von verschiedenen Professoren gehalten.
→ *In einer Ringvorlesung werden Vorträge von verschiedenen Profs gehalten.*

Viele Studenten leben unter der Armutsgrenze.
→ *Viele Studis leben unter der Armutsgrenze.*

Feinschliff

Es gibt drei weitere Aspekte, auf die Sie achten können, um richtig gut in den Feinheiten gendergerechter Sprache aufgestellt zu sein.

ANSPRACHE UND BETITELUNG

Gendergerechte Sprache bedeutet auch, dass Menschen aller Geschlechter auf gleiche Weise angesprochen und korrekt betitelt werden.

Entscheiden Sie sich, Berufsbezeichnungen, Titel oder Funktion einer Person zu nennen, sollten Sie darauf achten, dies nicht nur bei den Männern, sondern allen Personen im Text zu tun – oder sie bei allen wegzulassen.

Nicht optimal: *Am Samstag traf Frau Merkel den ehemaligen US-Präsidenten Obama.*

Besser so: Alle Personen werden mit ihrer Funktion genannt: → *Am Samstag traf Altkanzlerin Merkel den ehemaligen US-Präsidenten Obama.*
Oder so: Keine Person wird mit ihrer Funktion genannt: → *Am Samstag traf Merkel Obama.*

Nicht optimal: *Zum Empfang waren Herr Professor Dr. Schmidt und seine Frau eingeladen.*

Besser so: Alle Personen werden mit ihrem Titel genannt: → *Zum Empfang waren Herr Professor Dr. Schmidt und seine Frau Dr. Schmidt eingeladen.*
Oder so: Keine Person wird mit ihrem Titel genannt: → *Zum Empfang waren Herr und Frau Schmidt eingeladen.*

ROLLENZUSCHREIBUNGEN

Ein reflektierter Umgang mit typischen Geschlechterzuschreibungen ist ein weiteres Anliegen gendergerechter Sprache. Es gibt dafür mindestens zwei Möglichkeiten:

- Stereotype Rollenzuschreibungen können vermieden werden, indem neutrale Formen benutzt werden.
- Die Rollen können auch absichtlich aufgebrochen werden und die Geschlechter »untypisch« dargestellt werden.

Stereotyp: *Grundschullehrerinnen verdienen weniger als Gymnasiallehrer.*
Neutrale Form: *Lehrkräfte verdienen an Grundschulen weniger als an Gymnasien.*
Aufbrechen von Rollen: *Grundschullehrer verdienen weniger als Gymnasiallehrerinnen.*

Stereotyp: *Im Betriebsrat sind Hausmeister wie Putzfrauen vertreten.*
Neutrale Form: *Im Betriebsrat sind Mitarbeitende des Gebäudemanagements und der Reinigung vertreten.*
Aufbrechen von Rollen: *Im Betriebsrat sind Hausmeisterinnen wie Putzmänner vertreten.*

Stereotyp: *Für die anstehende OP werden noch ein Arzt und eine Krankenschwester benötigt.*
Neutrale Form: *Für die anstehende OP wird noch medizinisches Fachpersonal benötigt.*
Aufbrechen von Rollen: *Für die anstehende OP wird noch eine Ärztin und ein Krankenpfleger benötigt.*

Stereotyp: *Für die Festivalplanung werden viele Helfer gebraucht: Dekorateure, Techniker, Anpacker und Planer.*
Neutrale Form: *Für die Festivalplanung werden viele Leute gebraucht: Menschen, die gut dekorieren können oder sich mit Technik auskennen, die anpacken oder gut im Planen sind.*
Aufbrechen von Rollen: *Für die Festivalplanung werden viele Talente gebraucht: Dekokings und Technikqueens, Anpackerinnen und Planungsgenies.*

ENDUNGEN

Bei der Nennung von konkreten Einzelpersonen, deren Geschlecht bekannt ist, wird die jeweilige spezifische Endung verwendet.

> Nicht angeglichen: *Anette Hupf, Bürgermeister von Großdorf*
> Genderspezifisch: *Anette Hupf, Bürgermeisterin von Großdorf*
>
> Nicht angeglichen: *Susann: »Ich arbeite als Lehrer am Gymnasium.«*
> Genderspezifisch: *Susann: »Ich arbeite als Lehrerin am Gymnasium.«*
>
> Nicht angeglichen: *Mit Kim de L'Horizon gewinnt zum ersten Mal ein nicht binärer Autor den Deutschen Buchpreis.*
> Genderspezifisch: *Mit Kim de L'Horizon gewinnt zum ersten Mal ein*e nicht binäre*r Autor*in den Deutschen Buchpreis.*

Auch bei Substantiven, die keine Personen bezeichnen, ist dies möglich und zunehmend zu beobachten:

> *Die Hochschule ist größte Arbeitgeberin der Stadt Großdorf.*
>
> *Die Kirche ist Trägerin von vier Kindertageseinrichtungen. Sie beschäftigt 105 Mitarbeitende.*
>
> *Für das Jubiläum wurde eine große Firma als Netzwerkpartnerin gewonnen.*

14 häufige Fragen

1. WIE KANN ICH RICHTIG GENDERGERECHT SCHREIBEN?

Gendergerechte Sprache anzuwenden, wäre viel leichter, wenn es *eine* kurze und einfache Lösung für alle Fälle geben würde.

Viele Menschen, die gendergerecht schreiben und sprechen wollen, haben Bedenken, Fehler zu machen. Schließe ich mit meiner Formulierung wirklich alle ein? Wie handhabe ich den Genitiv? Was mache ich mit dem Artikel? Darf ich Wörter schreiben, die nicht im Duden stehen?

Die eine korrekte gendergerechte Schreibweise oder Formulierung gibt es nicht. Es gibt viele verschiedene Möglichkeiten. Alle haben ihre Vorteile, aber auch Grenzen (vgl. **Vor- und Nachteile im Überblick**, Seite 20).

Je nach Text und Zielgruppe sind unterschiedliche Varianten am passendsten. Was hat in Ihrem konkreten Anlass Priorität?

- Lesefluss
- Bekenntnis zu Gleichberechtigung
- formale Anforderungen (Design/Platz)
- Verständlichkeit für die Zielgruppe
- politisches Statement
- interne einheitliche Schreibweise in einer Organisation
- Sichtbarmachen aller Geschlechter
- das amtliche Regelwerk der deutschen Rechtschreibung als Vorgabe
- ...

Die Lösung, die am besten zum Kontext, den Anforderungen des Textes und zur Zielgruppe passt, ist dann jeweils die passende.

Generell gilt: Einfach machen! Probieren Sie gendergerechte Sprache aus. Es ist ein Lernprozess und am Ende zählt Ihr Bemühen und Ihr Versuch, gendergerecht schreiben und sprechen zu wollen, am meisten.

2. WELCHE VARIANTE IST DIE PASSENDE?

Ich empfehle, sich für eine Variante (Doppelnennung, Binnen-I, ...) zu entscheiden und diese mit den 7 kreativen Tipps und Tricks zu kombinieren. Unterschiedliche Varianten von Kurzschreibweisen sollten im selben Text nicht vorkommen.

Welche die passende Möglichkeit ist, kommt auf den Kontext und Ihr Anliegen an. Hier sind einige Beispiele:

Ich möchte Frauen und Männer ansprechen.

- Doppelnennung (S. 20)
- Neutrale Formen (S. 21)
- Schrägstrich (S. 22)
- Einklammerung (S. 25)
- Binnen-I (S. 27)
- Maskulin und feminin im Wechsel (S. 28)
- 7 kreative Tipps und Tricks (S. 36)

Ich möchte alle Geschlechter ansprechen.

- Neutrale Formen (S. 21)
- Gendersternchen (S. 23)
- Doppelpunkt (S. 24)
- Unterstrich (S. 26)
- 7 kreative Tipps und Tricks (S. 36)

Ich will alle Geschlechter explizit sichtbar machen und Sprache aufbrechen.

- Gendersternchen (S. 23)
- Unterstrich (S. 26)

Ich will genderneutral, also eher unscheinbar und einfach zugänglich, schreiben.

- Neutrale Formen (S. 21)
- Maskulin und feminin im Wechsel (S. 28)
- 7 kreative Tipps und Tricks (S. 36)

Ich habe nicht viel Platz für den Text (Überschrift, Plakat, Tweet, ...).

- Neutrale Formen (S. 21)
- 7 kreative Tipps und Tricks (S. 36)

Ich muss mich an die amtlichen Regeln der deutschen Rechtschreibung halten.

- Doppelnennung (S. 20)
- Neutrale Formen (S. 21)
- Schrägstrich (S. 22)
- Einklammerung (S. 25)
- 7 kreative Tipps und Tricks (S. 36)

Ich bin an ein Corporate Design und Corporate Writing meines Unternehmens oder meiner Institution gebunden.

- Informieren Sie sich über die Schreibweisen und Formulierungen, die vorgegeben sind.

Meine Zielgruppe kennt unterschiedliche gendergerechte Schreibweisen und Formulierungen.

- Neutrale Formen (S. 21)
- Gendersternchen (S. 23)
- Doppelpunkt (S. 24)
- Unterstrich (S. 26)
- Doppelnennung (S. 20)
- Binnen-I (S. 27)
- Maskulin und feminin im Wechsel (S. 28)
- 7 kreative Tipps und Tricks (S. 36)

Meiner Zielgruppe fällt es schwer, Texte zu lesen.

- Doppelnennung (S. 20)
- (Manche) Neutrale Formen (S. 21)
- 7 kreative Tipps und Tricks (S. 36)

In meinem Text sollen keine Sonderzeichen vorkommen.

- Doppelnennung (S. 20)
- Neutrale Formen (S. 21)
- Maskulin und feminin im Wechsel (S. 28)
- 7 kreative Tipps und Tricks (S. 36)

3. MUSS ICH IMMER GENDERGERECHT/GENDERNEUTRAL SCHREIBEN?

Nein. Es kommt immer auf den Kontext an:

Wenn Sie das Geschlecht der konkreten Person(en) kennen, über die Sie sprechen oder schreiben, dann muss keine gendergerechte Formulierung wie *Mitarbeitende*, *Professorinnen und Professoren* oder *der*die Anwält*in* ausgewählt werden.

> *Der Bürgermeister Herr Mörgel eröffnete das Stadtfest mit einer Rede.*

> *Die Arbeitsgruppe ›KI in der Verwaltung‹ besteht aus zwei Studentinnen, drei wissenschaftlichen Mitarbeitern und einer Professorin.*

> *Alle geöffneten Kassen waren von Kassierern besetzt.* → Dieser Satz kann so bleiben, wenn alle Kassierer männlich sind.

> *In der Talkrunde am kommenden Donnerstag diskutieren Expertinnen die aktuelle politische Situation.* → Dieser Satz kann so bleiben, wenn die Talkrunde ausschließlich aus Frauen besteht.

Wenn das Geschlecht einer Person (noch) nicht bekannt ist, dann können Sie genderneutrale Formulierungen verwenden:

> *»Wer ist in Ihrem Unternehmen zuständig für die Arbeitssicherheit?« – »Das ist Herr Fürchner.«*

> *Die jeweilige Ansprechperson für Öffentlichkeitsarbeit soll eine Fortbildung zum Thema »Social Media« besuchen.*

Wenn Sie eine gemischte Personengruppe benennen möchten oder Sie sich nicht sicher sind, welche Geschlechter vertreten sind oder sein werden, können Sie gendergerechte Formen verwenden:

In der Regel eröffnet der Bürgermeister das Stadtfest mit einer Rede.
→ *In der Regel eröffnet die Bürgermeisterin oder der Bürgermeister das Stadtfest mit einer Rede.*
→ *In der Regel eröffnet der*die Bürgermeister*in das Stadtfest mit einer Rede.*
→ *In der Regel eröffnet das Stadtoberhaupt das Stadtfest mit einer Rede.*

In der Talkrunde am Donnerstag diskutieren Experten die aktuelle politische Situation.
→ *In der Talkrunde am Donnerstag diskutieren Expertinnen und Experten die aktuelle politische Situation.*
→ *In der Talkrunde am Donnerstag diskutieren Expert*innen die aktuelle politische Situation.*
→ *In der Talkrunde am Donnerstag diskutieren Fachleute die aktuelle politische Situation.*
→ *In der Talkrunde am Donnerstag wird die aktuelle politische Situation diskutiert.*

Wie viele Bewerber es wohl auf die Stelle geben wird?
→ *Wie viele Bewerberinnen und Bewerber es wohl auf die Stelle geben wird?*
→ *Wie viele Bewerber*innen es wohl auf die Stelle geben wird?*
→ *Wie viele Bewerbungen es wohl auf die Stelle geben wird?*
→ *Wie viele Personen sich wohl auf die Stelle bewerben werden?*

4. WIE WENDE ICH GENDERSTERNCHEN UND CO. KORREKT AN?

Die Anwendung der Sonderzeichen ist von den aktuell geltenden Rechtschreibregeln nicht gedeckt. Sie können in Kontexten verwendet werden, in denen die amtlichen Regelungen nicht verpflichtend sind.

Es gibt daher keine offiziellen Regeln, wie das Gendersternchen oder andere Sonderzeichen im Deutschen genau angewendet werden und wie man damit Artikel, Pronomen oder den Genitiv bildet. Vor allem Gendersternchen, Doppelpunkt und Unterstrich werden seit vielen Jahren ausprobiert und angewandt. Dadurch sind Schreib- und Sprechkonventionen entstanden, die in den folgenden Schreibhilfen vorgestellt werden.

Mithilfe der Sonderzeichen gendergerecht zu schreiben, ist ganz einfach. Die folgenden Schreibhilfen gelten dabei sowohl für das Gendersternchen als auch für andere Sonderzeichen wie den Doppelpunkt oder den Unterstrich. Sie werden exemplarisch am Gendersternchen gezeigt:

Am besten im Plural

Erst wird die weibliche Form des Wortes gebildet und das Gendersternchen vor die Silbe *-in* bzw. *-innen* gesetzt.

Chef → *Chefin* → *Chef*in*
die Mitarbeiter → *die Mitarbeiterinnen* → *die Mitarbeiter*innen*
Expertenwissen → *Expertinnenwissen* → *Expert*innenwissen*

Wortstamm beachten

Wenn die feminine und maskuline Form einen unterschiedlichen Wortstamm haben, ist es üblich, den femininen bzw. den Pluralstamm als Grundlage für die Bildung mit Gendersternchen zu verwenden.

Arzt → *Ärzte/Ärztin* → *Ärzt*innen*
Anwalt → *Anwälte/Anwältin* → *Anwält*innen*

Wer sich hier daran stört, dass die maskuline Singularform so nicht mehr erkennbar ist, kann im Singular die maskuline und feminine Form hintereinanderschreiben und mit einem Gendersternchen ohne Leerzeichen verbinden. Die Reihenfolge ist hierbei beliebig.

Arzt → *Ärztin/Arzt* → *Ärztin*Arzt*
Anwalt → *Anwalt/Anwältin* → *Anwalt*Anwältin*

Das Problem dieser eher seltenen Singularvariante löst sich oft im Plural, da der Wortstamm dann für die maskuline und feminine Form wieder gleich ist:

Ärzte → *Ärztinnen* → *Ärzt*innen*
Anwälte → *Anwältinnen* → *Anwält*innen*

Artikel und Pronomen
Maskuline und feminine Artikel und Pronomen stehen bei der Schreibung mit Gendersternchen hintereinander und werden mit dem Sonderzeichen ohne Leerzeichen verbunden: *der*die, sein*ihr, er*sie*. Die Reihenfolge ist dabei beliebig.

der Chef → *der*die Chef*in*
sein Hund → *sein*ihr Hund* oder *ihr*sein Hund*
Er ist teamfähig. → *Er*Sie ist teamfähig.* Oder: *Sie*Er ist teamfähig.*

Auch hier ist die Handhabung im Plural leichter, da dann nur noch ein Artikel oder Pronomen steht:

der Chef → *der*die Chef*in* → *die Chef*innen*
sein Hund → *sein*ihr Hund* oder *ihr*sein Hund* → *ihre Hunde*
Er ist teamfähig. → *Er*Sie ist teamfähig.* Oder: *Sie*Er ist teamfähig.* → *Sie sind teamfähig.*

Genitiv
Der Genitiv wird im Singular mithilfe beider Artikel, die ohne Leerzeichen mit einem Gendersternchen verbunden sind, und dem Genitiv der weiblichen Form plus Gendersternchen gebildet.

Der Arbeitsplatz des Altenpflegers. → *Der Arbeitsplatz des*der Altenpfleger*in.*
Nicht üblich: *Der Arbeitsplatz des*der Altenpflegers*in.*

Auch hier ist der Plural leichter zugänglich, weil weniger Gendersternchen notwendig sind:

Der Arbeitsplatz des Altenpflegers. → *Der Arbeitsplatz des*der Altenpfleger*in.*
→ *Die Arbeitsplätze der Altenpfleger*innen.*

Silbentrennung
Das Wort kann an der Stelle des Gendersternchens getrennt werden. Das ist aber eher unüblich und wird nicht empfohlen.

Am elegantesten ist es, die Silbentrennung in diesem Wort zu vermeiden und das Wort nicht zu trennen.

Im Laufe des Tages ergab sich die Gelegenheit, dass die
***Dozent*innen** über die anstehenden Prüfungstermine abstimmten.*

Sollte das nicht möglich sein, kann das Wort an einer Stelle getrennt werden, an der das Gendersternchen nicht steht.

*Im Laufe des Tages ergab sich die Gelegenheit, dass die **Do-***
***zent*innen** über die anstehenden Prüfungstermine abstimmten.*
oder:
*Im Laufe des Tages ergab sich die Gelegenheit, dass die **Dozent*in-***
***nen** über die anstehenden Prüfungstermine abstimmten.*

5. WAS IST BESSER ALS *SEHR GEEHRTE DAMEN UND HERREN*?

Die Begrüßungsformel *Sehr geehrte Damen und Herren!* wird ständig verwendet, vor allem wenn große Gruppen angesprochen oder eine unbekannte Gruppe adressiert wird.

Diese Grußformel ist dann gendergerecht, wenn ausschließlich Menschen mit männlichem und weiblichem Geschlecht angesprochen werden sollen. Sie zeigt, dass gendergerechte Sprache, wenn es um Männer und Frauen geht, gesellschaftlich selbstverständlich ist. Unvorstellbar wäre es, dass jemand das Publikum mit *Sehr geehrte Herren!* begrüßt und Frauen dabei lediglich mitmeint. Niemand würde argumentieren ein … *und Damen!* wäre zu lang oder umständlich.

Sollen aber Menschen aller Geschlechter angesprochen werden, reicht diese Begrüßung nicht aus. Wer nicht auf Gendersternchen oder Doppelpunkt zurückgreifen möchte, kann überlegen, welche konkrete Zielgruppe angesprochen wird, und diese dann gendergerecht benennen. Einige Beispiele:

Guten Tag!
Sehr geehrtes Team der Muster GmbH!
Sehr geehrter Kundenservice der Muster GmbH!
Sehr geehrte Führungskräfte!
Sehr geehrte Beschäftigte!
Sehr geehrtes Publikum!
Sehr geehrte Tagungsteilnehmende!
Sehr geehrte Anwesende!
Sehr geehrtes Kollegium!
Sehr Geehrte!
Sehr geehrte Zuständige!
Sehr geehrte Mitwirkende!
Sehr geehrte Abteilung B!
Seien Sie alle herzlich gegrüßt!
Liebes Team!
Liebes Team der Abteilung B!
Liebe Menschen!
Herzlich willkommen an alle!
Hallo in die Runde!
Hallo zusammen!

Übrigens: Bei einer einzelnen Person, deren Geschlecht nicht bekannt ist, ist die Begrüßung *Guten Tag Vorname Nachname! (Guten Tag Luka Klöcker!)* auch in Briefen und E-Mails mittlerweile gängige Praxis.

6. GIBT ES *MITGLIEDERINNEN*?

Nein. Als Neutrum ist das Wort *Mitglied* bereits genderneutral: *das* Mitglied. Es ist nicht notwendig, hier eine andere gendergerechte Form zu finden. Es gibt einige Wörter, die bereits genderneutral sind, aber oft missverständlich als gendernswert angesehen werden und dann fälschlicherweise mit Gendersternchen oder anderen Schreibweisen versehen werden:

das Gegenüber
das Genie
das Individuum
das Mitglied
das Opfer

die Geisel
die Ikone
die Person

der Charakter
der Fan
der Lerntyp
der Mensch
der Profi
der Säugling
der Star

7. WANN MUSS ICH *BETRIEBSRAT* ODER *VORSTAND* GENDERN?

Betriebsrat, *Vorstand* oder *Stadtrat* – ob diese Wörter gendergerecht geschrieben werden müssen, kommt auf ihre konkrete Verwendung an:

Ist eine einzelne Person gemeint, sollte gendergerecht formuliert werden. Wenn klar ist, welches Geschlecht die Person hat, spricht man von:

maskulin: *Betriebsrat/Vorstand/Stadtrat* oder
feminin: *Betriebsrätin/Vorständin/Stadträtin* oder
nicht binär: *Betriebsrät*in/Vorständ*in/Stadträt*in*

Wenn nicht klar ist, welches Geschlecht die Person hat, kann genderneutral formuliert werden, z. B. mithilfe der Doppelnennung oder einer neutralen Formulierung:

Doppelnennung:
Wir suchen eine neue Betriebsrätin oder einen neuen Betriebsrat.
Wir suchen einen neuen Vorstand oder eine neue Vorständin.
Wir suchen einen neuen Stadtrat oder eine neue Stadträtin.

Neutrale Formulierung:
Wir suchen ein neues Mitglied für den Betriebsrat/Vorstand/Stadtrat.

Ist das Gremium gemeint, das aus mehreren Personen besteht, dann ist die gendergerechte Variante überflüssig und das Wort *Betriebsrat/Vorstand/Stadtrat* bleibt unverändert.

Frau Uzun wurde in den Betriebsrat gewählt.
Der Vorstand tagt jeden Mittwoch um 10 Uhr.
Der Stadtrat besteht aus 40 Personen.

8. DARF ICH NOCH ZUM *BÄCKER* GEHEN?

In den meisten Fällen werden Brötchen von einer Verkäuferin verkauft oder die Haare von einer Friseurin geschnitten. Gleichzeitig sagen wir, dass wir *zum Bäcker* oder *zum Friseur* gehen. Wir nutzen also verallgemeinernd maskuline Formen. Wenn wir *zum Bäcker* oder *zum Friseur* gehen, ist in der Regel der Ort gemeint, den wir aufsuchen, und weniger die konkrete Person.

Orte müssen, wie Dinge (*Kopierer, Laser, Roller* oder *Bagger*), nicht gendergerecht formuliert werden.

Sie können aber gendergerecht genutzt werden, um Frauen und Menschen anderer Geschlechter in den verschiedenen Berufsfeldern sichtbar zu machen. Eine Möglichkeit ist es, die Wörter durch neutrale Alternativen zu ersetzen. Oder man kann sie ganz weglassen. Das funktioniert in vielen Fällen, ohne dass der Inhalt verloren geht.

Ich muss dringend mal wieder zum Friseur.
→ *Ich muss dringend mal wieder meine Haare schneiden lassen.*

Sollen wir am Freitag den neuen Georgier ausprobieren?
→ *Sollen wir am Freitag das neue georgische Restaurant ausprobieren?*

Mittwochs fahre ich immer beim Bauern vorbei, um frische Milch zu kaufen.
→ *Mittwochs fahre ich immer beim Bauernhof vorbei, um frische Milch zu kaufen.*

Nächste Woche kann ich meine neue Brille beim Optiker abholen.
→ *Nächste Woche kann ich meine neue Brille beim Optikfachgeschäft abholen.*
→ *Nächste Woche kann ich meine neue Brille abholen.*

Ich gehe noch schnell zum Bäcker Brötchen holen.
→ *Ich gehe noch schnell zur Bäckerei Brötchen holen.*
→ *Ich gehe noch schnell Brötchen holen.*

Er ist stark erkältet. Er sollte lieber zum Arzt gehen und sich behandeln lassen.
→ *Er ist stark erkältet. Er sollte lieber zu seiner hausärztlichen Praxis gehen und sich behandeln lassen.*
→ *Er ist stark erkältet. Er sollte sich lieber behandeln lassen.*

9. STADT, LAND, LEUTE – WIE GENDERE ICH *DÄNEN* UND *MÜNCHNER*?

Argentinier, Chilenen, Peruaner sprechen Spanisch. Insgesamt betrachtet sprechen die meisten Südamerikaner jedoch Portugiesisch, weil Brasilien das bevölkerungsreichste Land in Südamerika ist.

Zur Freude der Berliner wurde der 8. Mai als gesetzlicher Feiertag eingeführt.

Werden Menschen aus Ländern, Städten oder Regionen benannt, nutzen wir oft die maskuline Form, aber meinen Menschen aller Geschlechter. Die Vielfalt kann sprachlich ganz einfach ausgedrückt werden: Verwenden Sie Formulierungen wie *die ... Bevölkerung*, *Personen aus ...* oder *Person mit ... Staatsangehörigkeit*.

In dieser Stadt leben viele Brasilianer.
→ *In dieser Stadt leben viele Menschen aus Brasilien.*
→ *In dieser Stadt leben viele Menschen mit brasilianischer Staatsangehörigkeit.*
→ *In dieser Stadt leben viele aus Brasilien stammende Menschen.*
→ *In dieser Stadt lebt eine große brasilianische Community.*

In Schleswig-Holstein gibt es viele Dänen.
→ *In Schleswig-Holstein gibt es eine dänische Minderheit.*

Die Münchner sind zur Wahl aufgerufen.
→ *Die Münchner Bevölkerung ist zur Wahl aufgerufen.*

Für eine internationale Perspektive im Unternehmen ist es wichtig, dass diese Stelle nicht mit einem Deutschen besetzt wird.
→ *Für eine internationale Perspektive im Unternehmen ist es wichtig, dass diese Stelle nicht mit einer deutschen Person besetzt wird.*

Es ist ein Stereotyp, dass Deutsche nur Bier trinken.
→ Der Plural ist hier schon gendergerecht.

10. KANN ICH *HERZENSMENSCH* SCHREIBEN, AUCH WENN ES NICHT IM DUDEN STEHT?

Sprache verändert sich permanent, weil sich die Welt verändert. Früher gab es keine Handys, demnach stand *Handy* auch nicht im Duden. Wenn sich Wörter im Sprachgebrauch zu etablieren beginnen, finden sie ihren Weg ins Wörterbuch. 2020 war es beispielsweise für *Elterntaxi*, *Alltagsrassismus*, *inklusiv*, *doodeln*, *Gendersternchen* und *gendergerecht* so weit. Der Duden verzeichnet Wörter also immer erst, wenn sie schon eine gewisse Verbreitung gefunden haben, und vermeidet es, Eintagsfliegen und Gelegenheitsbildungen aufzunehmen. Die Wörterbücher bilden den allgemeinen Sprachgebrauch der Gesellschaft ab. Es ist deshalb normal, dass wir Ausdrücke verwenden, die im Duden (noch) nicht aufgeführt sind.

Wer weiß, vielleicht schaffen es ja *der Herzensmensch*, *die Teilnahmeliste* oder *die Erziehungskraft* in eine der nächsten Auflagen?

Ob Sie im konkreten Fall *Herzensmensch* statt *Freund*in* oder andere Wörter verwenden können, die nicht im Duden stehen, kommt auf den Kontext an:

Verträgt Ihre Zielgruppe ein bisschen sprachliche Kreativität, neue Impulse oder sind die Ausdrücke sogar schon bekannt? Dann können Sie neue Wörter einsetzen. Bei vielen neuen Wörtern ist schnell und intuitiv klar, was gemeint ist: *gendernswert, Kunstname, Besuchsperso*n.

Ist es wichtig, sehr präzise oder sogar juristisch oder fachspezifisch korrekt zu formulieren? Dann sind gendergerechte Schreibweisen wie die Doppelform die Lösung.

Ist das Lesen und Schreiben oder die deutsche Sprache generell schwierig für Ihre Zielgruppe? Dann ist die Doppelform eine gute Lösung und es kann auf bekannte neutrale Formen zurückgegriffen werden, die für die Zielgruppe verständlich sind.

11. SIND WÖRTER AUF *-SCHAFT* SCHON GENDERNEUTRAL?

Im Genderwörterbuch werden immer wieder Wörter auf *-schaft* als genderneutrale Alternativen genannt. Einige Menschen sagen, in ihnen sei doch das generische Maskulinum versteckt – und die alternativen Vorschläge damit nicht gendergerecht. Es kommt auch hier wieder darauf an.

Eindeutig genderneutral sind Wörter wie *Bekanntschaft* und *Kundschaft*.

Umstritten sind in jüngeren Diskussionen Wörter wie *Anwaltschaft*, *Freundschaft*, *Nachbarschaft*, *Partnerschaft*.

Einige Menschen empfinden diese Wörter als genderneutral, weil sie abstrakte Konzepte beschreiben und keine Personen. Andere sehen sie als gendernswert an, weil sich im vorderen Teil eine männliche Personenbezeichnung versteckt: *Nachbar, Partner, Anwalt, Freund*.

Immer häufiger ist zu beobachten, dass Wörter auf *-schaft* im Wortinneren gendergerecht angepasst werden, wenn sie Personengruppen bezeichnen:

Ärzteschaft → *Ärzt*innenschaft*
Professorenschaft → *Professor*innenschaft*
Schülerschaft → *Schüler*innenschaft*

12. SOLL ICH WÖRTER AUS DEM ENGLISCHEN GENDERN?

Besonders für Berufe werden im Deutschen häufig Wörter aus dem Englischen genutzt, egal ob *Facility-Manager*, *Controller* oder *Team-Assistant*. Auch andere Personenbezeichnungen werden oft aus dem Englischen ins Deutsche übernommen, wie etwa *Host* oder *User*.

Viele dieser englischen Ausdrücke sind bereits in das deutsche Sprachsystem integriert. Das erkennt man daran, ob sie dekliniert werden, also ob z. B. beim Genitiv ein *-s* anhängt oder eine feminine Variante mit der Endung *-in* gebildet werden kann. → Dann kann gendergerecht formuliert werden.

Facility-Manager → *des Facility-Managers / die Facility-Managerin*
Wort wird ans Deutsche angepasst.
gendergerechte Formulierung möglich: z. B.: *Facility-Manager*innen*

Controller → *des Controllers / die Controllerin*
Wort wird ans Deutsche angepasst.
gendergerechte Formulierung möglich: z. B.: *Controllerinnen und Controller*

Coach → *des Coaches / die Coachin*
Wort wird ans Deutsche angepasst.
gendergerechte Formulierung möglich: z. B.: *coachende Personen*

Webdesigner → *des Webdesigners / die Webdesignerin*
Wort wird ans Deutsche angepasst.
gendergerechte Formulierung möglich: z. B.: *die Webdesigner:innen*

Die Datingplattform hat viele User.
→ *Die Datingsplattform hat viele Userinnen und User.*
→ *Die Datingplattform wird viel genutzt.*

Die Firma will in den nächsten Monaten ihre Stakeholder identifizieren.
→ *Die Firma will in den nächsten Monaten ihre Stakeholder_innen identifizieren.*
→ *Die Firma will in den nächsten Monaten ihre Anspruchsgruppen identifizieren.*

Einige Wörter aus dem Englischen werden momentan noch nicht komplett wie typische deutsche Wörter behandelt und bleiben unverändert stehen. → Es kann über den Artikel gendergerecht formuliert werden:

Team-Assistant → *des Team-Assistant / die Team-Assistant*
Wort bleibt unverändert.
gendergerechte Formulierung: z. B.: *der*die Team-Assistant*

Consultant → *des Consultant / die Consultant*
Wort bleibt unverändert.
gendergerechte Formulierung: z. B.: *der:die Consultant*

Specialist → *des Specialist / die Specialist*
Wort bleibt unverändert.
gendergerechte Formulierung: z. B.: *der oder die Specialist*

Wer kann der Host für die nächste Videokonferenz sein?
→ *Wer kann der:die Host für die nächste Videokonferenz sein?*
→ *Wer kann die nächste Videokonferenz hosten?*

13. (WIE) GEHT BARRIEREFREIHEIT IN GENDERGERECHTER SPRACHE?

Barrierefreie Texte sind so formuliert, dass beim Lesen möglichst wenige Hürden entstehen. Das gilt besonders für Menschen mit Sehbeeinträchtigung, die Texte schwer erkennen können, oder für blinde Menschen, die sich Texte von Screenreadern vorlesen lassen.

Texte können sowohl barrierefrei als auch gendergerecht sein. Das ist kein Widerspruch.

Damit Menschen mit Sehbehinderung Texte besser erkennen können und blinden Menschen eine barrierearme Nutzung durch Screenreader möglich ist, empfiehlt der Deutsche Blinden- und Sehbehindertenverband e.V. folgende gendergerechte Formulierungen:

- Doppelnennung (*Mitarbeiterinnen und Mitarbeiter*)
- Neutrale Formen (*Team, Führungskraft*) oder geschickte Formulierungen, die das Geschlecht nicht explizit nennen (7 **kreative Tipps und Tricks**, Seite 36)
- Nur in Ausnahmefällen, wenn diese empfohlenen Schreibweisen nicht möglich sind, soll als favorisierte Kurzform das Gendersternchen eingesetzt werden.
- Sonderzeichen wie Schrägstrich mit Bindestrich, Unterstrich oder Doppelpunkt sind zu vermeiden, ebenso das Binnen-I.

Unterstrich, Schrägstrich, Doppelpunkt und Binnen-I können von Menschen mit Sehbehinderung nur sehr schwer visuell erkannt werden. Sie verschwimmen mit den restlichen Zeichen und gehen im Wort unter. Deshalb wird das Gendersternchen häufig irrtümlicherweise als die beste barrierefreie gendergerechte Schreibweise verstanden. Da es allerdings von Screenreadern vorgelesen wird (*Verkäufer Sternchen innen*), sind neutrale Formen und geschickte Formulierungen dem Sternchen vorzuziehen, um Barrierefreiheit herzustellen. Das Gendersternchen kann in Ausnahmefällen mit Bedacht eingesetzt werden.

14. LEICHTE SPRACHE UND GENDERGERECHTE SPRACHE – GEHT DAS?

Die sogenannte Leichte Sprache wurde für Menschen mit kognitiven Einschränkungen und für Menschen, die Deutsch lernen oder nicht gut lesen können, entwickelt. Sie ist leicht verständlich und folgt festgelegten Regeln. Sätze sind beispielsweise kurz, Fremdwörter werden vermieden und es wird möglichst positiv formuliert.

Die Regeln der Leichten Sprache sind mit gendergerechter Sprache vereinbar – aber nicht mit jeder gendergerechten Schreibweise oder Formulierung. Empfohlen wird die Doppelnennung, wobei die maskuline (meist kürzere) Form zuerst steht.

Mitarbeiter und Mitarbeiterinnen

Bei den Regeln Leichter Sprache geht es um Lesbarkeit und die Lesemotivation: Die kürzere männliche Form kann schneller gelesen werden und bei der ähnlichen weiblichen Form ist dann schon klar, dass nun die weibliche Form folgt, sodass dieses Wort gar nicht zu Ende gelesen werden muss. Ein Nachteil: Die Doppelnennung macht Sätze länger. Das widerspricht der Regel, möglichst kurze Sätze zu verwenden.

Sonderzeichen wie Gendersternchen oder Unterstrich sollen in Leichter Sprache nicht verwendet werden, da sie Wörter für die Zielgruppe unlesbar oder unverständlich machen.

Besser nicht: *Mitarbeiter*innen, Mitarbeiter_innen, Mitarbeiter:innen*

Auch ungewohnte neutrale Ausdrücke, die noch nicht sehr etabliert und bekannt sind, sollten möglichst vermieden werden, da sie bei der Zielgruppe oft nicht verstanden werden.

Besser nicht: *Mitarbeitende*

IV

WÖRTERBUCH

Sie finden hier im Wörterbuch ungefähr eintausend Stichwörter mit genderneutralen Alternativen. Meistens können die genderneutralen Wörter und Ausdrücke direkt eingesetzt werden. Manchmal wird das – ähnlich wie bei einem Fremdsprachen- oder einem Synonymwörterbuch – nicht gehen, da einige Vorschläge eine etwas andere Bedeutung haben oder stilistisch nicht in den Kontext passen. Wenn die genannten Alternativen Ihnen nicht weiterhelfen, können Sie auf die vielen zusätzlichen Möglichkeiten zurückgreifen, die im Buch bis hierhin bereits vorgestellt wurden. Beide Teile des Buchs ergänzen sich also gegenseitig und führen gemeinsam zum Ziel, einfach gendern zu können.

An vielen Stellen finden Sie das genderneutrale Wort *Person*. Je nach Kontext lässt sich das auch ersetzen durch andere genderneutrale Personenbezeichnungen wie *Mensch* oder *Mitglied*. Das wird dann nicht jedes Mal in allen Varianten mit aufgeführt.

Nehmen Sie das Genderwörterbuch als Inspiration, Sprache kreativ und gendergerecht zu gestalten. Erweitern Sie den vorgeschlagenen Wortschatz um Ihre Ideen. Spielen Sie mit den Ausdrücken. Ergänzen Sie das Wörterbuch um fehlende Wörter. Platz für eigene Notizen finden Sie am Ende des Buchs.

nicht neutrale Ausdrücke	genderneutrale Alternativen
Abbrecherquote	Abbruchquote
Abenteurer	Waghals; abenteuerliebende Person; abenteuerlustige Person; abenteuermutige Person; Abenteuermensch Plural: Waghalse; die Abenteuer Liebenden; die Abenteuerlustigen; die Abenteuermutigen
Abgeordneter	abgeordnete Person für ... Plural: bereits genderneutral
Abiturient	Person, die Abitur macht; Abitur ablegende Person
Abonnent	medienbeziehende Person; ein Abonnement beziehende Person Plural: die Abonnementbeziehenden; die Abonnierenden; Kundschaft; Followers; Follis *Über zehntausend Personen beziehen ein Abonnement dieses Instakanals.*
Absender	abgesandt/abgesendet durch ...; absendende Person; von ... Plural: die Absendenden *Von wem ist dieses Schreiben? Wer hat dieses Schreiben abgesandt?*
Absolvent	Person mit Abschluss; Abschluss innehabende Person
Abteilungsleiter	Abteilungsleitung
Administrator	Administration; Admin
Adressat	adressierte Person; an ... Plural: die Adressierten *Diese Information geht an alle Beschäftigten.*
adressatengerecht	zielgruppengerecht
Adressatenkreis	Zielgruppe
Agent	Spionage auskundschaftende Person; spionierende Person Sport/Kunst jemanden/etwas vermittelnde Person Callcenter telefonische Beratung der Kundschaft

Akademiker studierte Person; Person mit Hochschulabschluss
Plural: die Studierten

Das Unternehmen hat in der Belegschaft einen niedrigen Anteil an Personen mit Hochschulabschluss.

Akteur beteiligte Institution/Person; agierende Institution/Person; handelnde Institution/Person; aktive Institution/Person
Plural: die Beteiligten; die Agierenden; die Handelnden; die Aktiven; die Mitmachenden

Die Aktiven / Die Agierenden gegen Kinderarmut haben sich zu einem Netzwerk zusammengeschlossen.

Aktionär Person mit Aktieneigentum
Plural: die Anteilshabenden; die Aktienhabenden

Aktionärsversammlung Versammlung von Personen mit Aktienbesitz; Versammlung von Anteilshabenden

Aktivist engagierte Person; politisch aktive Person
Plural: die Engagierten; die politisch Aktiven; die zielstrebig Handelnden; die Mitmachenden

Alkoholiker alkoholsüchtige Person; Person mit Alkoholsucht
Plural: die Alkoholsüchtigen

Alleinerziehender Ein-Eltern-Haushalt; Ein-Eltern-Familie; alleinerziehende Person
Plural: bereits genderneutral

Jeder Ein-Eltern-Haushalt erhält zusätzliche Kindkranktage.

Allergiker Person mit Allergie; allergieleidende Person
Plural: die Allergiegeplagten

Alleskönner Multitalent; Universalgenie; vielseitig begabte Person
Plural: die vielseitig Begabten

Allgemeinmediziner Allgemeinmedizin praktizierende Person
Plural: ärztliches Fachpersonal für Allgemeinmedizin

An dem Fachkongress nahmen Personen, die Allgemeinmedizin praktizieren, teil.

Alltagsheld ehrenamtliche Person; Zivilcourage leistende Person; den Tag versüßende Person
Plural: die Ehrenamtlichen; die Zivilcourage Leistenden

Für das neue Stadtteilprojekt suchen wir noch Personen im Ehrenamt!

Alpinist bergsteigende Person; bergbesteigende Person; bergbegeisterte Person
Plural: die Bergsteigenden; die Bergbesteigenden; die Bergkletternden; die Bergbegeisterten

Altenpfleger Pflegefachkraft; Pflegefachperson; Altenpflegeperson; Krankenpflegeperson; Fachkraft für Altenpflege

Altersgenosse Person im gleichen Alter; Person derselben Altersgruppe; gleichaltrige Person
Plural: gleich Alte; Peergroup; die Gleichaltrigen

Der Kontakt zur Peergroup ist für die Entwicklung Jugendlicher sehr wichtig.

Ältestenrat bereits genderneutral

Altkanzler ehemaliges Regierungsoberhaupt

Alumni Ehemalige (nur Plural)

Amateur Neuling; Person ohne Vorkenntnisse
Plural: die Ungeübten; die Anfangenden; die Beginnenden

Amtsinhaber Amt innehabende Person; eine mit einem Amt betraute Person; amtierende Person im Bereich ... / in der Position ...; amtsverantwortliche Person für den Bereich ...
Plural: die ein Amt Innehabenden; die mit einem Amt Betrauten; die Amtierenden im Bereich ... / in der Position ...; die Amtsverantwortlichen für den Bereich ...

Analytiker analysierende Person
Plural: die Analysierenden

Anbieter Angebot (von ...); Herstellung; angebotsstellende Person; angebotsmachende Person
Plural: die Anbietenden

Bitte hole Preise für drei verschiedene Angebote ein.

anderer .... Gegenüber
Plural: bereits genderneutral

Sie möchte besser einschätzen können, wie sich das Gegenüber verhalten wird.

der ein oder andere .... *der eine oder die andere*

Anfänger .... unerfahrene Person; Person ohne Vorkenntnisse; Person ohne Vorerfahrung; neue Person; Neuling
Plural: die Unerfahrenen; die Beginnenden

Das Angebot richtet sich an Personen mit und ohne Vorkenntnisse.

Anfängerkurs .... Einstiegskurs; Grundkurs; Kurs für Personen ohne Vorkenntnisse; Kurs für Personen ohne Vorerfahrung

Anfrager .... anfragende Person
Plural: die Anfragenden

Anführer .... Führungsfigur; anführende Person; Führung; Leitung; leitende Person; Oberhaupt
Plural: die Anführenden; die Leitenden

Angehöriger .... Familienmitglied; Familie; Mitglied von ...
Plural: bereits genderneutral

Wir müssen die Familie informieren. Wer ist Mitglied des Ortsverbandes?

Angeklagter .... angeklagte Person
Plural: bereits genderneutral

Angler .... angelnde Person; Fisch fangende Person; Angelsport betreibende Person; Person mit Angel; wer gerne angelt, ...; Person, die angelt; Angelmensch
Plural: die Angelnden

Wer gerne angelt, wird unsere Ferienregion lieben.

Angreifer .... angreifende Person
Plural: die Angreifenden

Anhänger .... Fan; begeisterte Person; etwas befürwortende Person
Plural: die Begeisterten; die Gleichgesinnten; die Unterstützenden; die Sympathisierenden; die sich (einer Bewegung, einem Verein) Zuordnenden; die Zugehörigen (einer Bewegung); die Mitwirkenden; die Befürwortenden

Anhängerschaft .... Gefolgschaft

Ankläger .... anklagende Person; Person/Seite, die Anklage erhebt; Person, die anklagt
Plural: die Anklagenden

Anleger .... etwas anlegende Person
Plural: die Anlegenden

Anlieger .... anwohnende Person
Plural: die Anliegenden; die Anwohnenden

Anrainer .... Person nebenan; Person, die nebenan wohnt; Person, der das Grundstück nebenan gehört
Plural: die nebenan Wohnenden

Anrufer .... anrufende Person; Anruf
Plural: die Anrufenden

Bei der Servicehotline gibt es viele unfreundliche Anrufe.

Ansprechpartner .... Ansprechperson; (persönlicher) Kontakt; Kontaktperson; Auskunft gibt ...; zuständig ist ...; Hotline; Service
Plural: Hilfeteam; Servicepersonal

Wenden Sie sich bei Fragen gerne an Ihren persönlichen Kontakt. Bei Fragen zu Ihrer Buchung ist unser Buchungsteam zuständig.

Anteilseigner .... anteilsinhabende Person
Plural: die Anteilsinhabenden

Antisemit .... antisemitisch eingestellte Person
Plural: die antisemitisch Eingestellten

Antragsteller .... antragstellende Person; Person, die einen Antrag stellt; beantragende Person/Einrichtung; Antrag gestellt von ...
Plural: die Antragstellenden; die Beantragenden

Anwalt .... Rechtsvertretung; gesetzliche Vertretung in Rechtsangelegenheiten; Mitglied der Anwaltschaft

Anwaltskosten .... Kosten für die Rechtsvertretung

Anwärter .... Person im Vorbereitungsdienst

Anwender .... anwendende Person; Anwendung durch ...
Plural: die Anwendenden; die Nutzenden

anwenderbezogen .... anwendungsbezogen; praxisbezogen; verwendungsbezogen; menschbezogen; nutzungsbezogen

Anwenderfreundlichkeit .... Verwendungsfreundlichkeit; Nutzungsfreundlichkeit

Anwohner .... Person, die in dieser Straße wohnt; anwohnende Person
Plural: die Anwohnenden; Nachbarschaft

Apotheker .... Ort Apotheke
Beruf (approbierte) arzneikundige Person; approbierte pharmazeutische Fachkraft
Plural: die (approbierten) Arzneikundigen

Das Rezept können Sie in der Apotheke einlösen. Holen Sie sich ärztlichen oder pharmazeutischen Rat. Holen Sie sich bei Fragen ärztlichen Rat oder erkundigen Sie sich in Ihrer Apotheke.

Arbeiter .... Arbeitskraft
Plural: die Arbeitenden; die Erwerbstätigen; Belegschaft; die Beschäftigten; Arbeitskräfte; die Arbeitnehmenden; Personal

Arbeiterklasse .... arbeitende Klasse

Arbeitgeber .... Führungskraft; Person, die Arbeitsplätze zur Verfügung stellt; arbeitgebendes Unternehmen; Arbeitsstelle; Firma; Betrieb; Unternehmen; Institution
Plural: die Arbeitgebenden

Arbeitnehmer .... angestellte Person; beschäftigte Person
Plural: die Arbeitnehmenden; die Angestellten; die Beschäftigten; die Erwerbstätigen; Arbeitskräfte; Belegschaft; Personal

Arbeitskollege .... Teammitglied; Person aus dem Kollegium; Teamkraft
Plural: Team

Tamara und Peter arbeiten in derselben Firma. Tamara und Peter arbeiten in einem Team. Tamara und Peter kennen sich von der Arbeit.

Archäologe .... in der Archäologie tätige Person

Architekt .... Architektur schaffende Person; Baukunst gestaltende Person

Archivar .... Fachkraft für Archivwesen
Plural: die Archivierenden

Arzt .... Ort (ärztliche) Praxis; ...-Praxis
Beruf Person im ärztlichen Dienst
Plural: ärztliches Fachpersonal

ärztliche Hilfe; ärztlicher Rat; privat- oder schulärztliche Anmeldung
Ich muss heute in meiner Hauspraxis ein Rezept abholen. Um an unserer Klinik im ärztlichen Dienst arbeiten zu können, müssen Sie die Approbation vorweisen. Holen Sie sich ärztlichen oder pharmazeutischen Rat. Holen Sie sich bei Fragen ärztlichen Rat oder erkundigen Sie sich in Ihrer Apotheke.

Arztbesuch .... ärztlicher Kontakt; ärztliche Sprechstunde; Besuch der ärztlichen Sprechstunde; ärztliche Visite

Ich muss heute noch in die ärztliche Sprechstunde.

Arztbrief .... Entlassungsbrief; ärztlicher Brief; Entlassungsbericht; ärztlicher/medizinischer (Abschluss-)Bericht; (ärztlicher) Befundbericht; ärztliche Epikrise; ärztliches Informationsschreiben; ärztliche Information

Arztgeheimnis .... ärztliche Schweigepflicht

Arzthelferin .... medizinsches Fachkraft; medizinische Assistenz
Plural: die medizinischen Fachangestellten; medizinisches Fachpersonal

Arztkoffer .... Behandlungstasche; Medizinkoffer

Arztkosten .... (ärztliche) Behandlungskosten; Kosten für medizinische Leistungen

Arzt-Patienten-Verhältnis .... ärztliches Vertrauensverhältnis; medizinisches Behandlungsverhältnis

Arztpraxis .... Praxis für ...-medizin; ärztliche Praxis

Praxis für Allgemeinmedizin; Praxis für Zahnheilkunde

Arzttermin .... Behandlungstermin; Vorsorgetermin; ärztlicher Termin

Arztwahl .... Wahl des ärztlichen Fachpersonals

Assistent .... Assistenz

Astronaut .... ins Weltall reisende Person; Person im All; Weltraummensch
Plural: die Weltraumreisenden

Asylbewerber .... asylsuchende Person; Person im Asylverfahren
Plural: die Asylsuchenden

Personen im Asylverfahren haben Anspruch auf bestimmte Leistungen.

Atheist .... atheistische Person; religionsfreie Person; nicht gläubige Person; irreligiöse Person; glaubenslose Person; areligiöse Person

Attentäter .... Person, die ein Attentat verübt
Plural: die ein Attentat Verübenden

Auftraggeber .... auftraggebende Person; in Auftrag gegeben von ...
Plural: die Auftraggebenden

Auftragnehmer .... einen Auftrag entgegennehmende/annehmende Person
Plural: die Auftragnehmenden

Augenzeuge .... beobachtende Person; anwesende Person
Plural: die Beobachtenden; die Anwesenden

Aupairmädchen .... Aupair

Ausländer .... Person aus dem Ausland; Person nicht deutscher Herkunft; ausländische Person; Person mit nicht deutscher Staatsangehörigkeit

in diesem Stadtteil leben viele Personen mit nicht deutscher Staatsangehörigkeit

Ausländerbehörde .... Migrationsamt/-stelle; Zuwanderungsamt/-stelle

Außenseiter .... außenstehende Person; randständige Person; Nichtmiglied; Outcast; Drop-out; Sonderling
Plural: die Randständigen; die Außenstehenden

Aussiedler .... ausgesiedelte Person
Plural: die Ausgesiedelten

Ausstatter ausstattende Person

Aussteiger aussteigende Person; Drop-out

Aussteller ausstellende Person; ausstellende Institution
Plural: die Präsentierenden; die Ausstellenden

Auswanderer auswandernde Person
Plural: die Auswandernden; die Ausgewanderten

Auszubildender Nachwuchskraft; Person in Ausbildung; auszubildende Person; lernende Person
Plural: bereits genderneutral

Autofahrer Auto fahrende Person; Auto führende Person; Person am Steuer
Plural: die Autofahrenden

Die Person am Steuer war durch die abgedunkelten Scheiben nicht zu erkennen.

Autor Bücher schreibende Person; verfasst von ...
Plural: die Schreibenden; die Urheberrechtsinhabenden; die Verfassenden; die Literaturschaffenden; die (wissenschaftlich) Publizierenden; Autorenschaft

Das Buch ist von einer unbekannten Person verfasst.

Azubi Nachwuchskraft; Person in Ausbildung; auszubildende Person; lernende Person
Plural: bereits genderneutral

Babysitter Aufsichtsperson; babysittende Person; Kinderbetreuung
Wir suchen für unsere drei Kinder eine Kinderbetreuung.

Bachelor of ... B. A. / B. Sc. / ...

Sie hat den B. A. in Geschichte.

Badegast oft genderneutral interpretiert
Badebesuch
Plural: die Badenden

Jeder Badebesuch erhält am Eingang einen Rabattgutschein für den Kiosk.

Bademeister Badeaufsicht

Bankkaufmann ········ Bankkaufperson

Bankräuber ········ die bankausraubende Person; Person, die eine Bank überfällt
Plural: die Bankausraubenden

Barkeeper ········ Barservicekraft; Servicekraft (an) der Bar

Bauarbeiter ········ Bauarbeiten ausführende Fachkraft
Plural: Bauarbeiten ausführendes (Fach-)Personal; die Mitarbeitenden auf der Baustelle; die Bauarbeitenden; die Bauarbeiten Ausführenden

Bauer ········ Ort landwirtschaftlicher Betrieb
Beruf Person, die in der Landwirtschaft beschäftigt ist; Person, die in der Landwirtschaft arbeitet; Landwirtschaft betreibende Person
Plural: die Beschäftigten in der Landwirtschaft; die landwirtschaftlich Beschäftigten; die Landwirtschaft Betreibenden

Bauernhof ········ landwirtschaftlicher Betrieb

Bauherr ········ auftraggebende Person; den Bau in Auftrag gebende Person
Plural: die Bauverantwortlichen; Bauleute

Bauingenieur ········ für die Baukonstruktion verantwortliche Person; für die Bauplanung verantwortliche Person
Plural: die für die Baukonstruktion Verantwortlichen; die für die Bauplanung Verantwortlichen

Beamtenlaufbahn ········ verbeamteter Werdegang; Laufbahn im öffentlichen Dienst mit Aussicht auf Verbeamtung

Beamter ········ verbeamtete Person; Person im Beamtenstatus
Plural: die Bediensteten; die Verbeamteten; Beamtenschaft

Beauftragter ········ beauftragte Person (für etwas)

Befürworter ········ befürwortende Person; zustimmende Person; Zustimmung
Plural: Unterstützung; die Zustimmenden; die Mitwirkenden; die Befürwortenden

Das Bauvorhaben hat in der Ortschaft große Unterstützung.

Begleiter ········ Begleitung
Plural: die Begleitenden

Behinderter .... Person mit Behinderung; Person mit Beeinträchtigung

Beisitzer .... beisitzende Person
Plural: die Beisitzenden

Bekannter .... Person aus dem Bekanntenkreis; (mir) bekannte Person; Bekanntschaft
Plural: bereits genderneutral

Nächste Woche kann mich eine mir bekannte Person in die Klinik begleiten.

bemannt .... mit Besatzung; mit Personen besetzt; besetzt

bemuttern .... fürsorglich sein; verhätscheln; umsorgen

Benutzer .... anwendende Person; nutzende Person
Plural: die Anwendenden; die Nutzenden; Personen(gruppen)

benutzerdefiniert .... maßgeschneidert; passgenau; individuell einstellbar; selbstdefiniert; speziell; spezifisch

benutzerfreundlich .... praktisch/leicht zu bedienen; bedienungsfreundlich; benutzungsfreundlich; anwendungsfreundlich

Benutzerkonto .... Account; Konto; Zugang; Profil

Benutzername .... Anmeldename; Nickname; Pseudonym; Log-in-Name; Log-in

Benutzeroberfläche .... Bedienoberfläche; Benutzungsoberfläche

Benutzerordnung .... Benutzungsordnung; Nutzungsordnung

Benutzerverwaltung .... Kontoverwaltung; Zugangsverwaltung

Beobachter .... beobachtende Person
Plural: die Beobachtenden

Berater .... beratende Person; die Beratung erfolgt durch ...; beraten von ...
Plural: die Beratenden; die in der Beratung Tätigen; Beratungspersonal; Beratungsstelle

Sie werden von unserem Fachpersonal beraten.

Bergführer .... bergführende Person; für Bergführung qualifizierte Person; eine Bergtour leitende Person; Bergtourleitung; Bergguide
Plural: die Bergführenden; die für Bergführung Qualifizierten

Bergsteiger .... Berg besteigende Person; bergsteigende Person; bergbegeisterte Person
Plural: die Bergsteigenden; die Bergbegeisterten

Berichterstatter .... Bericht erstattende Person; berichtende Person
Plural: die Berichtenden; die Berichterstattenden

Berufsanfänger .... berufsunerfahrene Person; berufseinsteigende Person; Person im Berufseinstieg
Plural: die Berufsunerfahrenen

Berufsschüler .... Person in schulischer Berufsausbildung; eine Berufsschule besuchende Person
Plural: die Auszubildenden; die Beruflernenden; die eine Berufsschule Besuchenden; die an einer Berufsschule Lernenden

Beschäftigter .... Arbeitskraft; beschäftigte Person; angestellte Person; Person im Beschäftigungsverhältnis
Plural: bereits genderneutral

Beschuldigter .... beschuldigte Person
Plural: bereits genderneutral

Beschwerdeführer .... beschwerdeführende Person/Seite
Plural: die Beschwerdeführenden

Besitzer .... besitzhabende Person
Plural: die Besitzhabenden

Bestatter .... Fachkraft für Bestattungen

Besteller .... bestellende Person; Bestellung
Plural: Kundschaft

Die Kundschaft wird aufgefordert, ein Konto anzulegen.
Durch wen erfolgte die Bestellung?

Besucher .... Besuch
Plural: Publikum; die Besuchenden

Besuchermagnet .... Anziehungspunkt; Publikumsmagnet; Besuchsmagnet; Tourismusmagnet; Sehenswürdigkeit

Besucherzahl .... Besuchszahl; Frequentierung; Klickzahl; Interesse; Inanspruchnahme; verkaufte Tickets

Für den Abschlussbericht werden die täglich verkauften Tickets der Ausstellung notiert. Der Markt wurde gut frequentiert.

Betrachter .... betrachtende Person
Plural: die Betrachtenden

Betreiber .... betreibende Person; Betriebsgesellschaft; betreibende Firma; Betrieb
Plural: die Betreibenden

Betreuer .... betreuende Person; Betreuungsperson; Betreuung
Plural: die Betreuenden; Betreuungspersonal

Betriebsarzt .... betriebsärztlicher Dienst

Betroffener .... betroffene Person; Opfer
Plural: bereits genderneutral

Betrüger .... unehrliche Person
Plural: die Betrügenden; die Unehrlichen

Bevollmächtigter .... bevollmächtigte Person
Plural: bereits genderneutral

Bewerber .... sich bewerbende Person
Plural: die Bewerbenden; Bewerbungen

Bewerberzahlen .... Bewerbungszahlen; Bewerbungen

Bewohner .... in ... lebende Person; ortsansässige Person; bewohnende Person
Plural: die in ... Lebenden; die in ... Wohnenden; die Ortsansässigen; die Bewohnenden; Bewohnerschaft

Die in der Großstadt Lebenden freuen sich über den neuen Park.

Bezieher .... beziehende Person
Plural: die Beziehenden

die Arbeitslosengeldbeziehenden

Bieter .... bietende Partei; bietende Person
Plural: die Bietenden

Blogger ········ bloggende Person; Person, die einen Blog schreibt
Plural: die Bloggenden

Bote ········ Botschaft überbringende Person
Plural: Botendienst

Botschafter ········ Spitze des Diplomatischen Corps; Repräsentanz

Brandschutzbeauftragter ········ Fachperson für Brandschutz; beauftragte Person für Brandschutz; Brandschutzbeauftragung; Brandschutzverantwortlichkeit
Plural: die Beauftragten für Brandschutz

Briefträger ········ Briefzustellung; Postzustellung

Die Postzustellung erfolgt mit dem Fahrrad.

Bruder/Schwester ········ Geschwisterkind; Geschwisterteil

Wie alt ist dein Geschwisterkind? Jedes Kitakind kann zum Adventsfrühstück seine Geschwister mitbringen.

Brüderlichkeit ········ Mitmenschlichkeit; Solidarität; Geschwisterlichkeit

Buddhist ········ Person buddhistischen Glaubens; buddhistisch gläubige Person
Plural: die buddhistisch Gläubigen

Buhmann ········ Feindbild; Zielscheibe; Person, der die Schuld zugesprochen wird

Bundeskanzler ········ (oberste) Führungskraft der Bundesregierung; Leitung der Bundesregierung; erste Führungsperson der Bundesregierung

Bundespräsident ········ (deutsches) Staatsoberhaupt; Person, die die Bundespräsidentschaft innehat

Bundespräsidentenwahl ········ Bundespräsidentschaftswahl; BP-Wahl

Bundestagspräsident ········ Bundestagsvorsitz

Bürger ········ Mitglied des Staates / der Stadt; dem Staat zugehörige Person; Mitmensch; einzelner Mensch innerhalb der Bevölkerung; Hilfe Suchende /rat-/unterstützungssuchende Person; historisch bürgerliche Person
Plural: Bevölkerung; Einwohnerschaft; die Staatsangehörigen; die Einheimischen; die im Ort / in der Stadt ... Wohnenden; die (Kommunal-)Wahlberechtigten; die Stimmberechtigten; allgemeine Öffentlichkeit; breites Publikum; Bürgerschaft; historisch bürgerliche Bevölkerung; Bürgertum

Als Mitglied unserer Stadt sind Sie eingeladen, sich an der Zukunftskonferenz Mobilität zu beteiligen. Die Bevölkerung wird gebeten, an der Umfrage teilzunehmen.

Bürgeramt ········ Amt; Gemeindeamt; Verwaltung

Bürgerbeteiligung ········ direkte Demokratie; Beteiligung der Bevölkerung; Öffentlichkeitsbeteiligung

Bürgerbüro ········ (städtisches/kommunales) Servicecenter/Servicebüro; Stadtteilbüro; Stadtbüro; Nachbarschaftbüro; Gemeindebüro; Kommunalbüro; Informationsbüro (für Anwohnende); Büro für bürgerliche Belange; Informationsstelle (für Ratsuchende)

Bürgerhaus ········ Gemeindehaus; Stadthaus; Kulturzentrum; Stadtteilzentrum; selbst verwaltetes Zentrum

Bürgerkrieg ········ innerer Krieg/Konflikt

Bürgermeister ········ Stadtoberhaupt; Stadtspitze; Verwaltungsleitung; Oberhaupt einer Kommune

Bürgermeisterkandidat ········ Kandidatur für das Amt des Stadtoberhaupts

bürgernah ········ serviceorientiert; bedürfnisorientiert; publikumsorientiert; personenorientiert; im Kontakt; auf Augenhöhe

Verwaltung im Kontakt mit den Menschen; Verwaltung auf Augenhöhe

Bürgerrechte ········ Rechte der Staatsangehörigen

Bürgersteig ········ Gehweg; Fußweg

Bürgervertretung ········ Vertretung der Öffentlichkeit

Bürgerzentrum ········ Kulturzentrum; Stadtteilzentrum; selbst verwaltetes Zentrum

Busfahrer ········ busfahrende Person; busführende Person; Busführung
Plural: Buspersonal

Callcenteragent ········ telefonische Beratung der Kundschaft

Ich arbeite als telefonische Beratung der Kundschaft.

Callcenteroperator ········ im Callcenter tätige Person

Camper ········ campende Person; zeltende Person; Zeltplatzmensch; Camping liebende Person
Plural: die Campenden; die Zeltenden; die Camping Liebenden

Chauffeur ········ Fahrdienst

Am Abend steht allen ein Fahrdienst mit einem Shuttle zur Verfügung.

Chef ········ Führungskraft; vorgesetzte Person; Leitungsperson; Leitung; Kopf (eines Unternehmens / einer Abteilung)
Plural: die Vorgesetzten

Chefarzt ········ ärztliche Leitung

Chefarztbehandlung ········ chefärztliche Behandlung

Chefsache ········ Sache mit oberster Priorität; Angelegenheit mit besonderer Wichtigkeit; dringliche Sache

Das Thema sexualisierte Gewalt am Arbeitsplatz wurde zur Sache mit oberster Priorität erklärt.

Chemiker ········ Fachkraft für Chemie

Chirurg ········ chirurgische Fachkraft; chirurgische Fachperson; ärztliche Fachkraft der ...-Chirurgie
Plural: chirurgisches Fachpersonal

In der Praxis arbeiten fünf ärztliche Fachkräfte für Unfallchirurgie.

Chorleiter ········ Chorleitung

Christ ········ Person christlichen Glaubens; christlich gläubige Person
Plural: die christlich Gläubigen

Coach .... Begleitung; Beratung; coachende Person; Mentoring
Plural: die Coachenden

Damenfahrrad .... Trapezrahmenfahrrad; Fahrrad mit tiefem Einstieg

Darsteller .... Rolle; darstellende Person
Plural: Besetzung; die Darstellenden

Datenschutzbeauftragter .... Fachperson für Datenschutz; beauftragte Person für Datenschutz; Datenschutzverantwortlichkeit
Plural: die Beauftragten für Datenschutz

Debattierer .... debattierende Person; an der Debatte beteiligte Person
Plural: die Debattierenden

Dekan .... Leitung des Dekanats; Dekanat
Plural: Dekanatsleitungen

Delegierter .... delegierte Person
Plural: bereits genderneutral

Demokrat .... demokratisch eingestellte Person; demokratiebegeisterte Person; demokratieüberzeugte Person
Plural: die demokratisch Eingestellten; die Demokratiebegeisterten; die Demokratieüberzeugten

Demonstrant .... demonstrierende Person
Plural: die Demonstrierenden; die Protestierenden

derjenige, der ... . diejenige Person, die ...; die Person, die ...
Plural: diejenigen, die ...; alle, die ...

Diejenige Person, die eine Nummer gezogen hat, kann im Wartezimmer Platz nehmen; alle, die eine Nummer gezogen haben, können im Wartezimmer Platz nehmen.

Designer .... designschaffende Person; formgestaltende Person
Plural: die Designschaffenden

Detektiv .... (privat) ermittelnde Person; nach Hinweisen suchende Person

Dezernent .... Dezernat leitende Person; Dezernatsleitung

Diabetiker .... Person mit Diabetes; an Diabetes erkrankte Person
Plural: die an Diabetes Erkrankten

Dichter ········ dichtende Person; poetische Person
Plural: die Dichtenden; die Poetischen

Land der Dichter und Denker ········ Land der Literatur; Land des Dichtens und Denkens; Land der dichtenden und denkenden Personen; Land der Dichtenden und Denkenden

Dieb ········ Eigentum entwendende Person; kriminelle Person; Langfinger
Plural: die Kriminellen

Dienstherr ········ Dienstaufsichtsperson; Dienstbehörde

Dienstleister ········ dienstleistende Person
Plural: die Dienstleistenden

Diplom-Ingenieur ········ diplomierte technische Fachkraft; Person mit Ingenieursdiplom
Plural: die Ingenieursberuf Ausübenden

Direktor ········ Leitung

Dirigent ········ dirigierende Person; unter dem Dirigat von …; unter Leitung von …
Plural: die Dirigierenden

Die Sommerkonzerte finden unter dem Dirigat von Personen aus der ganzen Welt statt.

Doktorand ········ promovierende Person
Plural: die Promovierenden

Doktorarbeit ········ Promotion; Dissertation

Doktorvater ········ Promotionsbetreuung; Vorsitz des Promotionskomitees; Betreuung der Dissertation

Wer hat deine Promotion betreut?

Dolmetscher ········ (simultan/konsekutiv) dolmetschende Fachkraft
Plural: die (simultan/konsekutiv) Dolmetschenden

Doppelgänger ········ Double; Ebenbild; Doppelperson

Dozent ········ lehrende Person; Lehrkraft; Lehrperson; vortragende Person; Seminarleitung
Plural: die Dozierenden; Lehrpersonal; die Lehrenden

Dozententätigkeit ········ Lehrtätigkeit

Dritter ········ dritte Person
Plural: bereits genderneutral

Der Konflikt sollte von einer dritten Person moderiert werden.

jeder Dritte ········ ein Drittel

Ein Drittel treibt gerne Sport.

Editor ········ herausgebende Person
Plural: die Herausgebenden

Ehepartner ········ die Ehe teilende Person; geehelichte Person; Ehemensch; Eheherzperson; Herzmensch; Herzensmensch
Plural: Eheleute

Ehrenamtler ········ engagierte Person; ehrenamtliche Person; freiwillige Person
Plural: die Ehrenamtlichen; die Freiwilligen; die (ehrenamtlich) Engagierten

Ehrenmann ········ Ehrenmensch

Eigentümer ········ (im) Eigentum von ...

Das Wohnhaus ist im Eigentum von zwei Personen.

Eigner ········ (im) Eigentum von ...

Einbrecher ········ einbrechende Person
Plural: die Einbrechenden

einem selbst ········ dir selbst

Was für ein Glück, wenn es dir selbst schon mal so ergangen ist.

einer nach dem anderen ········ der Reihe nach

Ihr werdet jetzt gleich der Reihe nach eingelassen werden.

Einkäufer ········ einkaufende Person
Plural: die Einkaufenden

Ein-Mann-Betrieb ········ Ein-Personen-Betrieb

Einsteigerkurs ········ Einstiegskurs; Grundlagenkurs; Grundkurs; Basiskurs

Einwanderer .... Person mit Migrationshintergrund/-geschichte/-biografie; Person mit internationaler Geschichte

Einwandererfamilie .... Familie mit Migrationshintergrund/-geschichte/-biografie; Familie mit internationaler Geschichte

Einwohner .... Person in der Stadt ...; Person aus ...; gemeldete Person
Plural: Population; Bevölkerung; die Gemeldeten

In der Region leben zweitausend gemeldete Personen pro Quadratkilometer.

Einwohnerdichte .... Bevölkerungsdichte

Einwohnerzahl .... Bevölkerungszahl

Einzelhändler .... Person des Einzelhandels; im Einzelhandel tätige Person
Plural: der Einzelhandel; die im Einzelhandel Tätigen

Einzelkämpfer .... für sich allein kämpfende Person
Plural: die Einzelkämpfenden

Einzelner .... alle; die einzelne Person
Plural: bereits genderneutral

Alle müssen ihre Unterlagen persönlich abgeben.

Einziger .... einzige Person
Plural: bereits genderneutral

Emittent .... wertpapierherausgebende Person
Plural: die Wertpapierherausgebenden

Empfänger .... empfangsberechtigte Person; empfangen von ...; für ...; bestimmt für ...
Plural: die Empfangenden; die Empfangsberechtigten

Der Infobrief ist für die Eltern bestimmt.

Empfangsdame .... Empfang; Person am Empfang; Rezeption
Plural: Personal am Empfang

Sollten Sie Unterstützung brauchen, melden Sie sich gerne an der Rezeption.

Endverbraucher .... endverbrauchende Person
Plural: die Endverbrauchenden; die Endkonsumierenden

Enkel .... Enkelkind; Kindeskind

Entdecker .... entdeckende Person; forschende Person; entdeckt von ...
Plural: die Forschenden; die Entdeckenden

Enthusiast .... enthusiastische Person; begeisterte Person
Plural: die Begeisterten; die Enthusiastischen

Entscheider .... entscheidene Person; Entscheidung fällende Person; entscheidungsbefugte Person; Person mit Entscheidungsbefugnis; Person mit Entscheidungskompetenz
Plural: die Entscheidenden; die Entscheidungsbefugten

Entscheidungsträger .... entscheidungstragende Person; Person mit Entscheidungsbefugnis; Person mit Entscheidungskompetenz
Plural: die Entscheidungstragenden

Entwickler .... entwickelnde Person; Mitglied des Entwicklungsteams
Plural: Entwicklungsteam; Entwicklungsabteilung; die Entwickelnden; die Erfindenden; die Ideenfindenden

Erbauer .... konstruierende Person; erschaffende Person; erbaut von ...; ein Bau von ...
Plural: die Konstruierenden; die Erschaffenden

Erbe .... erbberechtigte Person
Plural: die Erbberechtigten

Erfinder .... erfindende Person; ideenfindende Person
Plural: die Erfindenden; die Ideenfindenden

Ermittler .... ermittelnde Person
Plural: die Ermittelnden; Ermittlungsteam

Ersthelfer .... Ersthilfe; Erste Hilfe leistende Person; in Erster Hilfe geschulte Person
Plural: die Ersthelfenden; die Erste Hilfe Leistenden; die in Erster Hilfe Geschulten

Die Ausbildung zur betrieblichen Ersthilfe findet halbjährlich statt.

Erstsemester .... Person im ersten Semester; Person zu Studienbeginn
Plural: Studierende im ersten Semester; Erstis; Hochschulneulinge; die Neuen auf dem Campus

Studierendenzahl steigt: Zum Wintersemester gibt es wieder viele Neue auf dem Campus.

Erwachsener ········ erwachsene Person
Plural: bereits genderneutral

Erzähler ········ erzählende Stimme; erzählende Figur; erzählende Person; Erzählinstanz
Plural: die Erzählenden

Erzieher ········ pädagogische Fachkraft; Erziehungsfachkraft

Erziehungsberechtigter ········ erziehungsberechtigte Person
Plural: bereits genderneutral

Esser ········ essende Person
Plural: die Essenden

In der Kantine befindet sich die Ausgabe für Fleischessende links, für vegetarisch Essende rechts.

EU-Kommissar ········ EU-Kommissionsmitglied

Existenzgründer ········ existenzgründende Person
Plural: die Gründenden; Start-up

Existenzgründerzentrum ········ Existenzgründungszentrum; Start-up-Office; Innovationszentrum; Technologiezentrum

Exot ········ Ausnahmeerscheinung

Experte ········ Fachgröße; Autorität; Koryphäe; Genie; Person vom Fach; Person mit Expertise
Plural: Fachkräfte; Fachleute; die Fachkundigen; die Sachverständigen

Expertengruppe ········ Fachgruppe

Expertenkommission ········ Fachkommission; Kommission von Fachleuten

Expertenvortrag ········ Fachvortrag

Expertenwissen ········ Fachwissen; Expertise

Extremist ········ radikalisierte Person; extremistische Person
Plural: die Radikalisierten; die Extremistischen

Facharbeiter ········ Facharbeitskraft
Plural: die Facharbeitenden

Facharzt ········ Ort Fachpraxis
Beruf fachärztliche Fachkraft

Fachmann ········ Fachkraft

Rat einer Fachkraft; fachkundiger Rat; fachlicher Rat

fachmännisch ········ fachkundig; professionell; fachlich

Fahrer ········ fahrende Person; Fahrdienst; Person des Wagens ...; fahrzeugführende Person
Plural: die Fahrenden; die Fahrzeugführenden

Fahrerkabine ········ Fahrkabine; Steuerungskabine

Fahrersitz ········ Cockpitsitz; Sitz der fahrenden Person

Fahrgast ········ oft genderneutral interpretiert
mitreisende Person; gegen Entgelt transportierte Person
Plural: die Mitfahrenden; die Reisenden

Liebe Mitreisenden, bitte achten Sie auf die Anweisungen des Personals. Auf dem Kreuzfahrtschiff ist die Stimmung zwischen den arbeitenden und gegen Entgelt transportierten Personen gut.

Fahrradfahrer ········ Person auf dem Fahrrad; Fahrrad; Fahrrad fahrende Person; wer mit dem Fahrrad unterwegs ist ...
Plural: die Fahrrad Fahrenden; die Radelnden

Achtung, ein Fahrrad überholt.

Fahrzeugführer ········ fahrzeugführende Person; Fahrzeugführung
Plural: die Fahrzeugführenden

Fahrzeughalter ········ fahrzeughaltende Person

Familienbegleiter ········ Familienbegleitung; familienbegleitende Fachkraft

Familienhelfer ········ Familienhilfe; familienunterstützende Fachkraft; die Familie ... unterstützende Fachkraft; im familienunterstützenden Dienst arbeitende/angestellte Person
Plural: die Familienhelfenden

Fan ········ bereits genderneutral

Favorit ········· favorisierte (antretende) Person; bevorzugte Person; Liebling
Plural: die Favorisierten

Wer ist deine favorisierte Person, die bei den Olympischen Spielen antritt? Wer ist dein Liebling bei den Olympischen Spielen?

Feind ········· verfeindete Person; verfeindete Seite; hassende Person
Plural: die Verfeindeten; die Hassenden

Eine Hunde hassende Person legte im Stadtpark giftiges Futter aus.

Feinschmecker ········· Genussmensch

Feministin ········· feministische Person; feministisch eingestellte Person

Feuerwehrmann ········· Einsatzkraft der Feuerwehr
Plural: Feuerwehrleute; Feuerwehr; die Feuerwehrangehörigen; die Feuerbekämpfenden

Filmemacher ········· filmschaffende Person
Plural: die Filmschaffenden

Filmstar ········· bereits genderneutral

Finalist ········· am Finale teilnehmende Person; Person im Finale
Plural: die am Finale Teilnehmenden

Fischer ········· Fisch fangende Person

FÖJler ········· Person im FÖJ
Plural: FÖJ-Freiwillige

Follower ········· folgende Person; folgender Account
Plural: Follis; Follows

Förderer ········· Person, die Fördermittel vergibt; fördernde Person
Plural: unterstützender Personenkreis

Im Programmheft wird der unterstützende Personenkreis des Theaterstücks genannt.

Forscher ········· forschende Person; Universitätsmitglied; Person in der Forschung; Person, die in der Forschung tätig ist
Plural: die Forschenden; Forschungsteam; wissenschaftliches Personal der Universität

Forscherteam ········· Forschungsteam

Förster ········· Fachkraft in der Forstwirtschaft
Plural: die Beschäftigten in der Forstwirtschaft

Fortgeschrittener ········· Person mit Vorkenntnissen
Plural: bereits genderneutral

Das Angebot richtet sich an Personen mit und ohne Vorkenntnisse.

Fotograf ········· fotografierende Person; (Berufs-)Fotografie betreibende Person
Plural: die Fotografierenden; die Aufnehmenden; das Fototeam

Der Pressetermin wurde von einem Fototeam begleitet.

Fragesteller ········· fragende Person; interviewende Person
Plural: die Befragenden; die Fragenden; die Interviewenden

Frauenmannschaft ········· Frauenteam

Freiberufler ········· freiberuflich arbeitende Person; freischaffende Person
Plural: die Freiberuflichen; die Freischaffenden

Freiwilliger ········· freiwillige Person
Plural: bereits genderneutral

Fremdsprachler ········· andere/fremde Sprache sprechende Person
Plural: die andere/fremde Sprache Sprechenden

Freund ········· (enge) Bezugsperson; befreundete Person; Bekanntschaft; Herzensmensch; Lieblingsmensch; bessere Hälfte
Plural: die Bekannten

In schweren Momenten ist es ratsam, sich einer engen Bezugsperson anzuvertrauen. Bist du vergeben? Lebst du in einer Beziehung? Hast du einen Herzensmensch?

Freundeskreis ········· oft genderneutral interpretiert
Personen in befreundeten Kreisen; persönliches Umfeld

Hast du eine Person im persönlichen Umfeld, die sich im Immobiliengeschäft auskennt?

Friseur ········· Ort Frisiersalon; Haarsalon
Beruf frisierende Person
Plural: die Frisierenden

Frühaufsteher ······ Morgenmensch; Lerche

FSJler ······ Person im FSJ
Plural: FSJ-Freiwillige

Führerschein ······ Fahrerlaubnis; Fahrberechtigung

Funktionär ······ in Funktion gewählte Person; verantwortliche/beauftragte/bevollmächtigte Person; Vollmachtsperson
Plural: die Verantwortlichen; die Beauftragten; die Bevollmächtigten

Funktionsträger ······ in Funktion gewählte Person; verantwortliche/beauftragte/bevollmächtigte Person
Plural: die Verantwortlichen; die Beauftragten; die Bevollmächtigten

Fürsprecher ······ Unterstützung; Unterstützungskraft; Support
Plural: die Mitwirkenden; die Beteiligten; die Befürwortenden; die Supportenden; die Fürsprechenden; die Begeisterten

Vor der Wahl hatte die Kandidatin viel Unterstützung; das neue Innenstadtprojekt hat viele Begeisterte.

Fußballspieler ······ Fußball spielende Person; Person auf dem Fußballplatz
Plural: die Fußballspielenden

Fußgänger ······ Person zu Fuß; zu Fuß gehende Person; Fußverkehr
Plural: die Gehenden; die zu Fuß Gehenden

Vorsicht, Fußverkehr kreuzt die Straße.

Fußgängerampel ······ Ampel; Personenampel

Fußgängerstreifen ······ Zebrastreifen; Straßenpassierstreifen

Fußgängerüberweg ······ Straßenüberquerung

Fußgängerweg ······ Gehweg

Fußgängerzone ······ Flanierzone; Einkaufsstraße; Einkaufszone; autofreie Zone

Gaffer ······ gaffende Person; schaulustige Person
Plural: die Schaulustigen; die Gaffenden

Gamer .... gamende Person
Plural: Gaming People

Gärtner .... Ort Gärtnerei
Beruf Gartenarbeitskraft
Plural: Beschäftigte der Gärtnerei

Gast .... oft genderneutral interpretiert
Besuch; Besuchsperson
Plural: die Eingeladenen; die Geladenen; Besuche; die Ankommenden; die Besuchenden

Gastbeitrag .... Sonderbeitrag; externer Beitrag

Gästeführer .... Reiseführung; Reiseleitung; Tourguide

Gastgeber .... einladende Person
Plural: die Einladenden; die Empfangenden

Gastronom .... Person im Gastronomiebetrieb
Plural: die Beschäftigten im Gastronomiebetrieb; die Betreibenden eines Gastronomiebetriebs; die in der Gastronomie Tätigen

Die in der Gastronomie Tätigen beklagen den Personalmangel in ihrer Branche.

Gastwirt .... Gastronomiebetriebsleitung; Gastronomieleitung
Plural: die Betreibenden einer Gastronomie

Gegenkandidat .... Gegenkandidatur
Plural: die Kandidierenden der Gegenseite

Es ist noch nicht bekannt, wer die Gegenkandidatur antritt.

Gegenspieler .... gegnerische Partei; widerstreitende Person; Counterpart; Konkurrenz; Gegenseite
Plural: die gegnerisch Spielenden; die feindlichen Spielenden; die Widerstreitenden

Gegenüber .... bereits genderneutral

Gegner .... gegnerische Partei; widerstreitende Person; ablehnende Person; Counterpart; Konkurrenz
Plural: die Ablehnenden

Geisel .... bereits genderneutral

Geisterfahrer .... Fahrzeug in falscher Richtung; Geisterfahrzeug

Achtung, auf der A7 im Bereich Hannover befindet sich ein Fahrzeug in falscher Richtung.

Geldgeber .... geldgebende Person; Support; finanzielle Unterstützung durch ...
Plural: die Geldgebenden

die Wissenschaftsnacht hatte finanzielle Unterstützung durch namhafte Forschungseinrichtungen.

Generaldirektor .... Direktoriumsleitung

General Manager .... Verantwortungsperson im General Management
Plural: die Verantwortlichen im General Management

Genie .... bereits genderneutral

Genießer .... Genussmensch
Plural: die Genießenden

Genosse .... Mitglied der Genossenschaft

Gentlemen's Agreement .... mündliche Vereinbarung; Vereinbarung per Handschlag; Absprache unter Ehrenleuten

Geologe .... Person mit Fachwissen in Geologie; Person mit fundiertem Wissen über Geologie
Plural: die Forschenden der Geologie

Gerichtsvollzieher .... Gerichtsvollzugsperson
Plural: die Gerichtsvollziehenden

Geschäftsführer .... Geschäftsführung; Geschäftsleitung
Plural: die Geschäftsführenden

Geschäftsmann .... Geschäftsperson
Plural: Geschäftsleute

Geschäftspartner .... geschäftliche Verbindung; geschäftlicher Kontakt

Informationen für geschäftliche Kontakte
Als geschäftliche Verbindung erhalten Sie unseren Jahresbericht.

Gesellschafter ········ Person mit Geschäftsanteilen; im Besitz von Geschäftsanteilen stehende Person; beteiligte Person
Plural: Betriebsgesellschaft; die Beteiligten; die Gesellschaftenden

Gesetzgeber ········ Legislative; gesetzgebende Instanz
Plural: die Gesetzgebenden

Gesprächspartner ········ Gegenüber; Gesprächsgegenüber
Plural: die Gesprächsbeteiligten

Die Weiterbildung lebte davon, dass alle ein passendes Gesprächsgegenüber gefunden hatten.

Gesprächsteilnehmer ········ am Gespräch beteiligte Person
Plural: die Gesprächsbeteiligten

Gestalter ········ gestaltende Person; künstlerische Person
Plural: die Gestaltenden

Gewinner ········ erster Platz
Plural: die Gewinnenden

Der erste Platz wird um 15 Uhr bekannt gegeben. Jarek oder Sina, wer erreicht den ersten Platz?

Gläubiger ········ geldgebende Person; kreditgebende Person
Plural: die Geldgebenden; die Kreditgebenden

Globetrotter ········ weltreisende Person
Plural: die Weltreisenden

Grafiker ········ Grafikprofi; gestaltende Person
Für die Kampagne brauchen wir einen Grafikprofi.

Grenzgänger (beruflich) ········ Person, die über die Grenze pendelt
Plural: die Grenzpendelnden

Für die Personen, die über die Grenzen pendeln, ist der Arbeitsweg leichter, seit die Grenzen geöffnet sind.

Grinsepeter ········ Grinsebacke; Grinsegesicht; Grinsekuchen; Sonnenschein

Grundeigentümer ········ Person mit Grundeigentum

Gründer ········ gründende Person
Plural: die Gründenden; Start-up

Gründerzeit	Gründungszeit
Gründerzentrum	Gründungszentrum; Start-up-Office; Innovationszentrum; Technologiezentrum
Grundschüler	Grundschulkind; Kind in der Grundschule
Gruppenleiter	Gruppenleitung Plural: die Gruppenleitenden
Guide	bereits genderneutral
Guru	spirituelles Vorbild; Idol
Gutachter	begutachtende Person; sachverständige Person; begutachtet von ... Plural: die Sachverständigen; die Begutachtenden; die Beurteilenden *Die Lern-App wurde von Fachleuten begutachtet.*
Gymnasiast	Person auf einem Gymnasium; ein Gymnasium besuchende Person; gymnasial lernende Person
Hacker	hackende Person; cyberkriminelle Person Plural: die Hackenden; die Cyberkriminellen
Hackerangriff	Hackingangriff; Hackangriff; Cyberangriff
Handlanger	helfende Person; rechte Hand von jemandem Plural: die Helfenden
Händler	handelnde Person; Geschäft; Handel Plural: die Handelnden; die Handel Betreibenden; Shops
Handwerker	handwerkliche Fachkraft; Fachkraft im Handwerk Plural: Handwerksbetriebe; die Handwerkenden; handwerkliches Fachpersonal
Handwerksmeister	Fachkraft im Handwerk mit Meisterbrief
Hauptcharakter	bereits genderneutral
Hausarzt	hausärztliche Fachkraft; allgemeinmedizinsche Fachkraft; Hauspraxis

Hausdame ········ Hausservice

Hauseigentümer ········ Eigentumspartei; das Eigentum am Haus innehabende Person
Plural: die Hauseigentum Innehabenden; die Vermietenden

Hausherr ········ Familienvorstand; Hausvorstand
Sport gastgebender Verein

Hausmannskost ········ einfache Küche; gutbürgerliche Küche; traditionell zubereitete Gerichte; Alltagsessen

Hausmeister ········ Gebäudemanagement; Facility-Management; Hausservice

Heimkehrer ········ heimkehrende Person
Plural: die Heimkehrenden

Heinzelmännchen ········ Heinzelchen

Held ········ Schlüsselperson; Schlüsselfigur; Hauptperson; außerordentlich erfolgreiche Person; Vorbild
Plural: die Heldenhaften

Sie waren Schlüsselfiguren im Widerstand gegen die Diktatur.

Helfer ········ Hilfskraft; Assistenz; Hilfe; helfende Person; zu etwas beitragende Person
Plural: die Helfenden; die Beitragenden

Herausgeber ········ herausgegeben von ...
Plural: die Herausgebenden

Herr ········ Person

aus aller Herren Länder ········ aus aller Welt; aus der ganzen Welt

einer Sache Herr werden ········ etwas in den Griff bekommen; etwas unter Kontrolle bekommen; etwas besser überblicken; den Überblick haben

Herr der Lage sein ········ alles unter Kontrolle haben

nicht mehr Herr seiner Sinne sein ········ nicht mehr wissen, was man tut

sein eigener Herr sein ········ unabhängig sein; sich nach keiner Person richten müssen; seine eigene Person sein

Herrenfahrrad ········ Diamantrahmenfahrrad

Herrenhaus ········ Gutshaus

herrenlos ········ nicht zuzuordnen; unbeaufsichtigt; personenlos; verlassen; frei; besitzlos

ein verlassener / nicht zuordenbarer Koffer;
ein Koffer, der keiner Person gehört

Herrschaften ········ Personen; Leute (nur Plural)

Herrscher ········ Staatsoberhaupt
Plural: die Herrschenden

Hexe ········ hexende Person; Person mit Hexkraft; Zauberkraft innehabende Person; mit Zauberkräften ausgestattete Person

Hindu ········ Person hinduistischen Glaubens; hinduistisch gläubige Person
Plural: bereits genderneutral

Hinterbliebener ········ hinterbliebene Person; zurückgelassene Person
Plural: bereits genderneutral

Hintermann ········ graue Eminenz; Schlüsselfigur; aus dem Hinterzimmer; drahtziehende Person; verantwortliche Person; dahinter steckt/steht ...
Plural: Hinterleute; die Verantwortlichen

Hirte ········ hütende Person
Plural: die Hütenden

Historiker ········ in der Geschichte forschende Person
Plural: die Geschichtsforschenden

Hörer ········ zuhörende Person
Plural: die Zuhörenden; Publikum; die Hörenden

Hundehalter ········ Person, die einen Hund hält
Plural: die Hundehaltenden

Ich-Erzähler ········ Ich-Form; Ich-Figur; erzählendes Ich
Plural: die Ich-Erzählenden

Illustrator ········ illustrierende Person
Plural: die Illustrierenden

Imker .... Bienen züchtende Person
Plural: die Bienenzüchtenden

Immigrant .... immigrierte Person; eingewanderte Person; Person mit Migrationshintergrund/-geschichte/-biografie; Person mit internationaler Geschichte
Plural: die Immigrierten; die Eingewanderten

Immobilienbesitzer .... Immobilien besitzende Person
Plural: die Immobilienbesitzenden

Individuum .... bereits genderneutral

Industriemechaniker .... Industriemechanik ausführende Person; Fachkraft für Industriemechanik
Plural: die Industriemechanik Ausführenden

Informant .... Informationsquelle; Quelle

Informatiker .... auf den IT-Bereich spezialisierte Person; Person mit Informatikstudium; Person mit Expertise in Informatik

Ingenieur .... diplomierte technische Fachkraft; Person mit Ingenieursdiplom
Plural: die Ingenieursberuf Ausübenden

Inhaber .... etwas innehabende Person
Plural: die Inhabenden

Inhaftierter .... inhaftierte Person; Person in Haft
Plural: bereits genderneutral

Initiator .... initiierende Person
Plural: die Initiierenden

Insasse .... Haft inhaftierte Person; Person in Haft
Plural: die Inhaftierten
Fahrzeug mitfahrende Person
Plural: die Mitfahrenden

Insider .... Person mit Einblick; eingeweihte Person; Person, die Interna kennt/weiß; Person mit besonderem Hintergrundwissen
Plural: die Eingeweihten

Intendant ········ Intendanz

Interessent ········ interessierte Person
Plural: die Interessierten

Internist ········ ärztliche Fachkraft für Innere Medizin

Interpret ········ Act

Interviewer ········ interviewende Person; fragende Person
Plural: die Interviewenden; die Befragenden; die Fragenden

Interviewpartner ········ interviewte Person; befragte Person
Plural: die Interviewten; die Befragten

Investor ········ investierende Person; geldgebende Person; Person, die Geld investiert
Plural: die Investierenden; die Geldgebenden

Jäger ········ jagende Person; Person auf der Jagd
Plural: die Jagenden

jeder ········ alle; alle für sich; sämtliche

alle können teilnehmen; sämtliche Mitarbeitenden; alle suchen für sich einen Platz

jeder, der … ········ alle, die …; jene, die …

jeder Dritte ········ ein Drittel; jede dritte Person

jeder, wie er möchte ········ alle, wie sie möchten

jedermann ········ alle; sämtliche; jede Person

Die Stadtbibliothek ist für alle zugänglich.

jemand, der … ········ eine Person, die …

Ich suche eine Person, die gut Klavier spielt.

Journalist ········ Presse; Medien; jemand von der Presse / vom Fernsehen / vom Radio …; wer für die Zeitung / für das Fernsehen / für das Radio berichtet
Plural: die Medienschaffenden; die im Journalismus Tätigen/Arbeitenden

Jubilar ········ Jubiläum begehende Person; Jubiläum feiernde Person

Jude .... jüdische Person; Mitglied der jüdischen Gemeinschaft; Person jüdischen Glaubens; jüdisch
Plural: jüdische Menschen; die jüdisch Gläubigen

Zwei der Vortragenden sind selbst jüdisch.

Jugendlicher .... junge Person; Teenager; Teenie; Teen
Plural: bereits genderneutral

Jungfrau .... sexuell unerfahrene Person; Person, die noch keinen Geschlechtsverkehr hatte
Plural: die sexuell Unerfahrenen

Juror .... Jurymitglied

Kameramann .... Kameraperson; Kamera
Plural: Kamerateam; Kameraleute; die Filmenden

Das ganze Filmteam ist schon am Set, nur die Kamera noch nicht.

Kämmerer .... Leitung der Kämmerei

Kämpfer .... kämpfende Person
Plural: die Kämpfenden

Kampfrichter .... Kampfjury; Schiedsgericht

Kandidat .... kandidierende Person
Plural: die Kandidierenden

Kandidatenfrage .... Personalfrage; K-Frage

Bei der Mitgliederversammlung entscheidet sich die Personalfrage für den Vorstand.

Kanzler .... Regierung (an)führende Person; Regierungsoberhaupt

Kanzleramt .... Amt des Regierungsoberhauptes

Kanzlerfrage .... K-Frage

Kapitalgeber .... investierende Person; Support; geldgebende Person; finanzierende Person
Plural: die Investierenden; die Finanzierenden

Kapitän .... schiffsführende Person
Plural: die Schiffsführenden

Karnevalist .... Karneval feiernde Person; Person auf dem Karneval
Plural: die Karneval Feiernden; Karnevalsgemeinschaft; Karnevalsleute

Kassenwart .... Kassenverwaltung; Finanzverwaltung; Vermögensverwaltung

Kassierer .... Person an der Kasse
Plural: die Kassierenden

Katholik .... Person katholischen Glaubens; katholisch gläubige Person
Plural: die katholisch Gläubigen

Käufer .... Kaufkraft; kaufende Person
Plural: die Kaufenden; Kundschaft

Kaufmann .... Kauffachkraft
Plural: Kaufleute

kaufmännisch .... zahlentechnisch; finanztechnisch; kauftechnisch; buchungstechnisch; in Zahlen gesehen; fiskalisch; (markt)wirtschaftlich; ökonomisch; geschäftlich; gewerblich; kommerziell

keiner .... keine Person

Ich kenne keine Person, die auf dieser Party dabei war.

Kellner .... Servicekraft; Bedienung

Kenner .... Person mit Fachkenntnis
Plural: Fachleute; die Begeisterten

Hast du Weinbegeisterte im persönlichen Umfeld?

Kindermädchen .... Kinderbetreuung; Aupair

Kläger .... klagende Person/Seite
Plural: die Klagenden

Kleinbauer .... kleiner Landwirtschaftsbetrieb

Kletterer .... kletternde Person; kletterbegeisterte Person
Plural: die Kletternden; die Kletterbegeisterten

Klient ········ Fall; Besuch; ratsuchende Person; Beratung in Anspruch nehmende Person; Person, die in die Beratung kommt
Plural: Klientel; die Ratsuchenden

Die Beratungsstelle muss immer mehr Fälle versorgen.
Die Anlaufstelle für Obdachlose ist bei den Ratsuchenden beliebt.

Koch ········ leitende Küchenfachkraft; Kochprofi; kochende Person; Lebensmittel verarbeitende Person; in der Küche arbeitende Person; für das leibliche Wohl zuständige Person
Plural: die Kochenden; Kochpersonal; Küchenpersonal

Kollege ········ mitarbeitende Person; Teammitglied; Teamkraft; Person aus dem Kollegium
Plural: Kollegschaft; Kollegium; Team

kollegiale Unterstützung; Unterstützung aus dem Team; Unterstützung eines Teammitglieds

Kolonialherren ········ Person, die eine Kolonialmacht vertritt
Plural: Kolonialmächte

Kommentator ········ kommentierende Presse; Kommentar; kommentierender Pressemensch
Plural: Kommentare von Medienschaffenden

Kommilitone ········ mitstudierende Person
Plural: die Mitstudierenden; die anderen Studierenden

Kommunist ········ kommunistisch eingestellte Person
Plural: die Kommunismusbegeisterten; die Kommunismusüberzeugten; die kommunistisch Eingestellten

Komparse ········ stumme Rolle; Person ohne Sprechrolle; Nebenfigur

Komponist ········ kompositionstätige Person; Musik erschaffende Person
Plural: die Komponierenden; die Kompositionstätigen; die Musikerschaffenden

Konfirmand ········ zu konfirmierende Person; Konfi
Plural: die zu Konfirmierenden; Jugendliche in der Konfirmationsvorbereitung

Königsdisziplin ········ anspruchvollste Disziplin; Spitzendisziplin

Königsklasse ········ Oberliga; höchste Klasse; Spitzenklasse

Konkurrent ········ Konkurrenz

Konstrukteur ········ konstruierende Person
Plural: die Konstruierenden

Konsumenten ········ konsumierende Person
Plural: die Konsumierenden; konsumierende Zielgruppe; Kundschaft

Kontoinhaber ········ kontoinhabende Person; kontoführende Person
Plural: die Kontoinhabenden; die Kontoführenden

Kontrahent ········ Gegenüber; Gegenpart

Kooperationspartner ········ in Kooperation mit ...
Plural: die Kooperationsbeteiligten

Die Behörde arbeitet in Kooperation mit Wirtschaftsbetrieben.

Koordinator ········ Koordination

Kosmonaut ········ ins Weltall reisende Person; Person im All; Weltraummensch
Plural: die Weltraumreisenden

Kraftfahrer ········ kraftfahrzeugführende Person
Plural: die Kraftfahrzeugführenden

Krankenpfleger ········ Pflegefachkraft; Pflegekraft; Pflegefachperson
Plural: Pflegepersonal; die Beschäftigten in der Krankenpflege; die professionell Pflegenden; die Pflegenden

Krankenschwester ········ Pflegefachkraft; Pflegekraft; Pflegefachperson
Plural: Pflegepersonal; die Beschäftigten in der Krankenpflege; die professionell Pflegenden; die Pflegenden

Kranker ········ kranke Person
Plural: bereits genderneutral

Kreditnehmer ········ kreditnehmende Person
Plural: die Kreditnehmenden

Kriegsverbrechertribunal ········ Tribunal für Kriegsverbrechen

Kritiker ········ kritisierende Person; kritische Person/Stimme
Plural: die Kritisierenden; die Kritischen

Kunde ········ kaufende Person; konsumierende Person; nutzende Person; kaufinteressierte Person; Client; Account
Plural: die Kaufinteressierten; die Interessieten; die Nutzenden; die Auftraggebenden; die Einkaufenden; die Zahlenden; Klientel; Kundschaft; Nachfrage; Zielgruppe; Kreis; Publikum

Gerade gibt es viele Aufträge von Kaufinteressierten.
Das Produkt ist passgenau auf die Zielgruppe abgestimmt.
Die Nachfrage kommt von Unternehmen und Privatpersonen.

Kundenbedürfnisse ········ Bedürfnisse der Kundschaft

Kundenberater ········ Beratung der Kundschaft; persönliche Ansprechperson

Ihre persönliche Ansprechperson finden Sie im Onlineportal.

Kundendienst ········ Service; Support

kundenfreundlich ········ praktisch zu bedienen; publikumsfreundlich; nutzungsfreundlich

Kundenkontakt ········ Personenkontakt; Kontakt zur Kundschaft; Kontakt

Kundenorientierung ········ Publikumsorientierung; Zielgruppenorientierung

Kundenservice ········ Service

Kundenstamm ········ treue Kundschaft; feste Kundschaft; Kundschaftsstamm; Klientelstamm

Kundenwunsch ········ Sonderwunsch; Wunsch der Kundschaft

Kundenzentrum ········ Servicezentrum

Kundenzufriedenheit ········ Zufriedenheit der Kundschaft

Kunstfreund ········ kunstbegeisterte Person
Plural: die Kunstbegeisterten

Künstler ········ kunstschaffende Person; Act
Plural: die Kunstschaffenden

Welchen Act konnten wir für den Galaabend gewinnen?

Künstlername ········ (künstlerisches) Pseudonym; Kunstname

Kunstsammler ········ kunstsammelnde Person
Plural: die Kunstsammelnden

Kurator ········ kuratierende Person
Plural: die Kuratierenden; kuratorische Leitung

Kurier ········ überbringende Person; überbringender Lieferservice; abgesandte Person
Plural: die Überbringenden; die Abgesandten

Kursleiter ········ Kursleitung; kursleitende Person

Kursteilnehmer ········ am Kurs teilnehmende Person
Plural: die Kursteilnehmenden; Kurs

Das Abschlussfeedback des Kurses war sehr unterschiedlich.

Kurzarbeitergeld ········ Kurzarbeitsgeld

Laie ········ Person ohne Fachkenntnisse; fachunkundige Person; fachfremde Person
Plural: die Fachunkundigen; die Fachfremden; die Nicht-kundigen

Landrat ········ Landkreisleitung; Kreisverwaltungsleitung; Landratsamts-leitung; Dienststellenleitung; Amtsvorstand

Landwirt ········ Landwirtschaft betreibende Person
Plural: die Landwirtschaft Betreibenden; die landwirtschaft-lich Beschäftigten; die Beschäftigten in der Landwirtschaft

Läufer ········ Laufsport treibende Person; laufende Person
Plural: die Laufenden; die Laufsporttreibenden

Lebemann ········ Genussmensch

Lebenspartner ········ Liebesmensch; Lebensmensch; verpartnerte Person
Plural: die Verpartnerten

Lehrer ········ Lehrkraft; Lehrperson
Plural: das Kollegium; die Lehrenden; die Unterrichtenden

Lehrerkonferenz ········ Kollegiumskonferenz; Konferenz; Konferenz der Lehrkräfte; Besprechung der Lehrkräfte

Lehrerpult ········ Tisch/Pult der Lehrkraft; Schreibtisch

Lehrerzimmer ········ Arbeitszimmer der Lehrkräfte; Teamraum; Kollegiumszimmer

Lehrmeister ········ ausbildende Person; lehrende Person
Plural: die Ausbildenden; die Lehrenden

Leistungsbezieher ········ Leistung beziehenden Person
Plural: die Leistung Beziehenden

Leiter ········ Leitung
Plural: die Leitenden

Lektor ········ Lektorat

Lernbegleiter ········ lernbegleitende Person; Lernbegleitung

Lerntyp ········ bereits genderneutral
Bist du ein visueller oder auditiver Lerntyp?

Leser ········ lesende Person
Plural: Lesepublikum; lesende Zielgruppe; die Lesenden; Leserschaft

Leserbrief ········ Ihr Kommentar; Meinung; (offene) Zuschrift
Auf den Artikel über gendergerechte Sprache bekam die Zeitung viele offene Zuschriften.

Lieber ... (Anrede bei Briefen) ········ An ...; Hallo ...; Guten Tag ...

Liebhaber ········ begeisterte Person; Fan; Verhältnis
Plural: die Begeisterten; die Geliebten
Die Ausstellung richtet sich besonders an Modellbaubegeisterte; hat sie ein Verhältnis?

Linguist ········ auf Linguistik spezialisierte Person
Plural: die Sprachforschenden

Linker ········ links eingestellte Person
Plural: bereits genderneutral

Linkshänder ········ linkshändige Person
Plural: die Linkshändigen

Literaturkritiker .... Literatur kritisierende Person
Plural: die Literaturkritisierenden

Lobbyist .... Interessen vertretende Person
Plural: die Interessen Vertretenden

Macher .... aktive Person; Tatmensch; Person mit Tatendrang
Plural: die Aktiven; die Machenden

Mädchen für alles .... Person für alles

Mädchenmannschaft .... Mädchenteam

Mädchenname .... Geburtsname

Magier .... Zauberkunst ausübende Person

Makler .... Häuser vertreibende Person

Maler .... werkschaffende Person der Malerei; wandgestaltende Person; malereischaffende Person
Plural: die Malereischaffenden; die Kunstschaffenden; die Malenden

man .... Sie; viele; wir; ich

Wenn Sie durch das Fenster blicken, können Sie das Meer sehen. Wenn es zu laut ist, können viele nichts verstehen. Ich glaube es kaum.

Manager .... Management; Unternehmensführung; Führungskraft

manch einer .... manch eine Person; manche

Manchen ist gar nicht klar, was sie damit anrichten.

Mandant .... auftraggebende Person
Plural: Mandatenschaft

Mandatsträger .... Mandat innehabende Person; mandatstragende Person
Plural: die ein Mandat Innehabenden; die Mandatstragenden

Mann .... Person

alle Mann an Bord .... alle an Bord

Ein-Mann-Betrieb .... Ein-Personen-Betrieb

es kamen 40 Mann .... es kamen 40 Personen/Leute

etwas an den Mann bringen .... etwas unter die Leute bringen; etwas verkaufen; ein Anliegen loswerden

Zwei-Mann-Zelt .... Zwei-Personen-Zelt; Zweierzelt

Not am Mann .... Notsituation

seinen Mann stehen .... auf sich gestellt sein; sich behaupten; sich bewähren

Männchen (Brettspiele) .... Figürchen; Spielstein; Spielfigur

Manndeckung (Sport) .... Direktdeckung; 1:1-Deckung; 1:1-Verteidigung; personenorientierte Deckung

Mannschaft .... Team; Gruppe; Kollektiv; Besatzung

mannshoch .... lebensgroß

Manpower .... Arbeitskraft; Humanpower

Mechaniker .... Fachkraft für Mechanik

Mechatroniker .... Fachkraft für Mechatronik

Mediator .... Mediation; Mediationsperson; Mediation anbietende Person
Plural: Mediationsteam

Medienpartner .... in Medienpartnerschaft mit ...

Mediziner .... in der Medizin tätige Person
Plural: medizinisches/ärztliches Fachpersonal; in der Medizin Tätige

Meinungsführer .... meinungsführende Person
Plural: die Meinungsführenden

Meinungskontrahent .... Meinungsgegenpart

Meister (Handwerk) .... Person mit höherer Fachprüfung

Meisterschaft ······ Turnier; Wettbewerb

Mensch ······ bereits genderneutral

Mentor ······ Vorbild; fürsprechende Person; beratende Person; fördernde Person; Begleitung; Kontaktperson; Ansprechperson; ausbildungsbeauftragte Person; Mentoringperson
Plural: die Fürsprechenden; die Beratenden; die Fördernden; die Ausbildungsbeauftragten

Mieter ······ Mietperson; Mietpartei
Plural: die Mietenden

Mieterverein ······ Mietverein; Mietvertretung

Migrant ······ migrierte Person; eingewanderte Person; Person mit Migrationshintergrund/-geschichte/-biografie; Person mit internationaler Geschichte
Plural: die Eingewanderten

Milchmädchenrechnung ······ Trugschluss; Irrtum; falsche Erwartung; Fehlschluss; Illusion

Minderjähriger ······ Kind unter 18; minderjährige Person; nicht volljährige Person
Plural: bereits genderneutral

Minijobber ······ geringfügig beschäftigte Person; Person mit Minijob

Minister ······ Ministeriumsleitung
Plural: die Ministeriumsleitenden

Ministerpräsident ······ MP; Landesoberhaupt; Vorsitz der Ministeriumsleitenden

Ministerpräsidentenkonferenz ······ MPK

Am Donnerstag findet die nächste MPK statt.

Mitarbeiter ······ Arbeitskraft; Teammitglied; Teamkraft; bei uns / bei ... beschäftigte Person
Plural: die Mitarbeitenden; die Arbeitenden; die Beschäftigten; die Angestellten; die Festangestellten; die Werktätigen; die Tätigen; die Betriebs-/Konzern-/Firmen-/Unternehmensangehörigen; Arbeitsgemeinschaft; Arbeitsgruppe; Belegschaft; Team; Kollegium; Crew; Gruppe; Personal; Servicekräfte; Servicepersonal

Mitarbeiterausweis ········ Firmenausweis; Mitarbeitendenausweis; MA-Ausweis; Arbeitsausweis; Dienstausweis

Mitarbeiterbeurteilung ········ Personalbeurteilung; Angestelltenbeurteilung; Beurteilung

Mitarbeiterführung ········ Personalmanagement; Personführung; Personalpolitik

Mitarbeitergespräch ········ Dienstbesprechung; Qualifikationsgespräch; Arbeitsgespräch; Beurteilungsgespräch; Jahresgespräch; Beschäftigtengespräch; Personalgespräch; Mitarbeitendengespräch

Mitarbeitersuche ········ Personalsuche; Mitarbeitendensuche

Mitbewerber ········ Konkurrenz

Mitbewohner ········ Person, mit der jemand wohnt; jemand in der Wohngemeinschaft
Plural: die WG; die Wohnungsteilenden; die Mitwohnenden

Meine WG und ich verstehen uns gut.

Mitbürger ········ Mitmensch
Plural: Landsleute; die Staatsangehörigen

Mitfahrer ········ mitfahrende Person
Plural: die Mitfahrenden

Mitglied ········ bereits genderneutral

Mitläufer ········ Folge leistende Person; involvierte Person; mitlaufende Person; passives Engagement; passive Rolle
Plural: die Mitlaufenden; die Folge Leistenden; die Involvierten

Mitschüler ········ anderes Kind aus der Klasse; mitlernende Person

Mitspieler ········ mitspielende Person; Gegenpart
Plural: die Mitspielenden; die Spielrunde; das Team

Am Ende des Tischtennistrainings suchen sich alle für das Spiel einen Gegenpart.

Mitstreiter ········ mitwirkende Person; teilnehmende Person; gleichgesinnte Person
Plural: die Mitstreitenden; die Mitwirkenden; die Teilnehmenden; die Gleichgesinnten

Mittelsmann .... Mittelsperson; Mittelsmensch

Mittelständler .... Person des Mittelstandes
Plural: die Angehörigen des Mittelstandes; der Mittelstand; mittelständische Unternehmen

Mitwisser .... eingeweihte Person; mitwissende Person
Plural: die Eingeweihten; die Mitwissenden

Moderator .... Moderation; moderierende Person
Plural: Moderationsteam; die Moderierenden

Modeschöpfer .... modeschaffende Person
Plural: die Modeschaffenden

Mönch .... Ordensperson
Plural: Ordensleute; die Ordensangehörigen

Mörder .... einen Mord begehende Person; mordende Person
Plural: die Mordenden; die einen Mord Begehenden

Müllmann .... Müll entsorgende Person; Fachkraft für Kreislauf- und Abfallwirtschaft
Plural: Beschäftigte der Müllabfuhr; Müllabfuhr; Müllleute

Die Müllabfuhr stellt die Tonnen nach dem Entleeren zurück auf die privaten Grundstücke.

Musiker .... Act
Plural: die Musikschaffenden; die Musikspielenden; die Musizierenden; die Musikausübenden; Mitglieder eines Orchesters; Bandmitglieder

Auf dem Festival treten fünfzig Acts auf.

Muslim .... Person muslimischen Glaubens; muslimisch gläubige Person
Plural: die muslimisch Gläubigen

Mutter-Kind-Gruppe .... Eltern-Kind-Gruppe

Mutter-Kind-Parkplatz .... Familienparkplatz

Muttersprache .... Erstsprache; erste Sprache; Hauptsprache; Elternsprache; Familiensprache; Heimatsprache

Welche Erstsprache sprichst du? Was ist deine Familiensprache?

Muttersprachler ············ Person mit der Erstsprache …; Person, die … als Erstsprache spricht; …-erstsprachliche Person

Für die Projektstelle suchen wir eine Person mit Erstsprache Polnisch.

Nachbar ············ Person nebenan
Plural: die nebenan Wohnenden; Hausgemeinschaft

Nachbarhaus ············ Haus nebenan; Nebenhaus

Nachbarschaft ············ oft genderneutral interpretiert
Umgebung

Nachfahre ············ Abkömmling; Kind; Kindeskinder; Enkelkinder
Plural: Nachkommenschaft; Nachkommen

Nachfolger ············ Nachfolge
Plural: die Nachfolgenden

Nachrücker ············ nachrückende Person
Plural: die Nachrückenden

Nächster ············ nächste Person
Plural: bereits genderneutral

der Nächste, bitte! ············ Wer bekommt? Die nächste Person, bitte! Die Nächsten, bitte! Wo geht es weiter? Wer ist jetzt dran? Wer ist als Nächstes dran? Bei wem darf ich weitermachen?

Nachtschwärmer ············ Nachtmensch; Partymensch
Plural: Nachtleute

Nachwuchswissenschaftler ············ wissenschaftlicher Nachwuchs

Namensvetter ············ gleichnamige Person
Plural: die Gleichnamigen

Narr ············ närrische Person
Plural: die Närrischen; die Karneval Feiernden; die Fastnacht Zelebrierenden; die Faschingbegeisterten

Nationalmannschaft ············ Nationalteam

Nationalsozialist ············ rechtsextreme Person; rechtsextrem eingestellte Person
Plural: die Rechtsextremen; die rechtsextrem Eingestellten

Nazi .... rechtsextreme Person; rechtsextrem eingestellte Person
Plural: die Rechtsextremen; die rechtsextrem Eingestellten

Nebenmann .... nebenstehende Person; Person neben mir/dir

Neffen und Nichten .... Kinder der Geschwister

Netzwerkpartner .... Netzwerkkontakt; Netzwerkmitglied
Plural: die Netzwerkbeteiligten

Neueinsteiger .... Nachwuchs; neu im Geschäft; unerfahrene Person; Grünschnabel; Person ohne Vorkenntnisse
Plural: die Unerfahrenen

In der Branche arbeiten viele, die neu im Geschäft sind.

Nichtraucher .... nichtrauchende Person
Plural: die Nichtrauchenden

niemand, der ... . keine Person, die ...

Im Betrieb gibt es keine Person, die für den Datenschutz verantwortlich ist.

Nonne .... Ordensperson
Plural: Ordensleute; die Ordensangehörigen

Nutzer .... nutzende Person; Person, die ... nutzt; Mitglied
Plural: die Nutzenden; Nutzung

Die Mitglieder des Fitnessclubs sind sehr zufrieden mit den neuen Sportgeräten. Die Software wurde dank der Nutzungserfahrung weiterentwickelt.

Nutzerdaten .... Datenspuren; (persönliche) Nutzungsdaten; Daten der Nutzenden

Im Impressum steht, welche Datenspuren erfasst werden.

Nutzerkonto .... Account; Konto; Zugang

nutzerorientiert .... menschzentriert; nutzungsfreundlich; nutzungsorientiert

Oberarzt .... ärztliche Führungskraft; fachärztliche Leitung

Oberbürgermeister .... Stadtoberhaupt

Obmann .... Obmensch; schiedsrichtende Person; Vertrauensperson
Plural: die Schiedsrichtenden; die Vorsitzenden

Ökonom ········ ökonomisch ausgebildete Person
Plural: die ökonomisch Ausgebildeten

Ombudsmann ········ Ombudsperson

Opfer ········ bereits genderneutral

Organisator ········ organisierende Person/Stelle; organisiert von …
Plural: Organisation; Organisationsteam; Organisationskomitee; die Organisierenden

Otto Normalverbraucher ········ durchschnittlich konsumierende Person; Durchschnittsmensch

Pächter ········ pachtende Person
Plural: die Pachtenden

Pädagoge ········ pädagogische Fachkraft

Parlamentarier ········ abgeordnete Person; Person des Parlaments
Plural: die Abgeordneten; Angehörige des Parlaments

Parteichef ········ Parteivorsitz

Partner ········ Gegenüber; Unterstützung; Mitglied; Liebesmensch; Lebensmensch; Lieblingsmensch
Plural: die Beteiligten; die Mitwirkenden; Kooperationen
Suchen Sie sich für die Übung ein Gegenüber. Das Projekt wurde gemeinsam mit vielen Kooperationen realisiert. Gewinnen Sie eine Freikarte für sich und Ihren Lieblingsmenschen.

Partnerarbeit ········ Zweierarbeit; Paararbeit; Tandemarbeit; im Tandem
Bearbeitet die Aufgabe zu zweit.

Partnerschaft ········ oft genderneutral interpretiert
Beziehung; Kooperation; Zusammenarbeit; Tandem

Partnersuche ········ Lebensmenschsuche; Verbündetensuche; Seelenverwandtensuche; Suche nach dem Herzensmensch

Partnerwahl ········ Wahl des Lebensmenschen; Wahl des Herzensmenschen

Passagier ········ reisende Person
Plural: die Reisenden; die Mitfahrenden

Passagierflugzeug .... Reiseflugzeug

Passant .... (einen Ort) passierende Person; vorübergehende Person; vorüberziehende Person; den Gehweg nutzende Person; Person auf dem Gehweg
Plural: die Passierenden; die Vorbeiziehenden; die Vorübergehenden; die einen Ort Passierenden

Auf dem gemeinsamen Fuß- und Radweg sollen Fahrräder auf vorübergehende Personen Rücksicht nehmen.

Pate .... Patenamt; Patenschaft

Patient .... kranke Person; zu behandelnde Person; zu versorgende Person; zu pflegende Person; Person, die sich in medizinische Hände begibt; stationär aufgenommene Person; Person, die medizinische Hilfe benötigt; Person in ärztlicher Behandlung; die uns anvertraute Person; Hilfe suchende Person; Beratung aufsuchende Person
Plural: die Kranken; die Erkrankten; die zu Behandelnden; die zu Versorgenden; die Behandelten; die (von einer Krankheit) Betroffenen; die zu Pflegenden; die Hilfesuchenden; die Beratung Aufsuchenden

Wenn die zu behandelnde Person aufgerufen wurde, geht sie in das Untersuchungszimmer. Stationär aufgenommene Personen können zwischen 15 und 17 Uhr Besuch empfangen.

Patientenaufklärung .... Aufklärung; Aufklärungsgespräch; Aufklärung über eine Behandlung

Patientenversorgung .... ärztliche Versorgung; Behandlung; Pflege

Pazifist .... Person, die für Frieden einsteht; friedensengagierte Person; pazifistische Person
Plural: die Friedensbewegten

Pendler .... pendelnde Person
Plural: die Pendelnden

Pendlerpauschale .... Entfernungspauschale; Pendelpauschale; Pauschale für Pendelnde; Pauschale für Personen, die pendeln

Pensionär .... pensionierte Person
Plural: die Pensionierten

Performer .... performende Person
Plural: die Performenden

Person .... bereits genderneutral

Personalrat .... Personalratsmitglied
Plural: Personalrat

Pfadfinder .... Scout; Pfadi

Pfarrer .... geistliche Leitung; Pfarramt
Plural: die Geistlichen; Pfarrpersonen

Pfleger .... Pflegekraft; Pflegefachperson; Pflegeperson; Fachkraft für Pflege
Plural: Pflegepersonal; die Pflege; die Pflegenden; die Beschäftigten in der Pflege; die professionell Pflegenden

Pförtner .... Person an der Pforte
Plural: Pfortenpersonal

Philosoph .... philosophierende Person; in Philosophie forschende Person
Plural: die Philosophierenden; die Forschenden der Philosophie

Physiker .... Person mit Physikstudium

Physiotherapeut .... physiotherapeutische Fachkraft; Physiotherapie praktizierende Person

Pilger .... pilgernde Person; Person auf Pilgerschaft
Plural: die Pilgernden

Pilot .... flugzeugführende Belegschaft
Plural: die Fliegenden

Pionier .... vorkämpfende Person; wegbereitende Person

Pionierarbeit .... wegbereitende Arbeit; bahnbrechende Leistung

Planer .... planende Person
Plural: die Planenden

Poet .... Lyrik schaffende Person
Plural: die Lyrikschaffenden

Politiker ········· Person in der Politik; Mitglied der Politik; Politgröße; in der Politik tätige Person; Teil der Legislative
Plural: die Politikschaffenden; die Politikmachenden

Polizist ········· Polizeikraft; Polizei
Plural: Polizeileute

Postbote ········· Postzustellung

Powerfrau ········· Powermensch; gestandene Person

Praktikant ········· Praktikumskraft; Person im Praktikum; ein Praktikum absolvierende Person

Praktikantenstelle ········· Praktikumsstelle

Praktiker ········· praktizierende Person; Person aus der Praxis; praktisch veranlagte Person
Plural: die Praktizierenden; Leute aus der Praxis; die praktisch Veranlagten

Präsident ········· Staatsoberhaupt; Vorsitz

Präsidentenwahl ········· Präsidentschaftswahl

Prediger ········· predigende Person
Plural: die Predigenden

Preisträger ········· ausgezeichnete Person; Person mit Auszeichnung; gewonnen hat ...
Plural: die Ausgezeichneten

Pressesprecher ········· Pressevertretung; Pressestelle; Kommunikationsprofi; Öffentlichkeitsarbeit

Bei Interviewanfragen wenden Sie sich bitte an die Pressestelle.

Proband ········· Testperson; Versuchsperson
Plural: die Teilnehmenden

Wenn Sie Testperson für unsere Studie werden möchten, dann melden Sie sich bei uns. Für die Studie wurden 25 Teilnehmende gesucht.

Produzent .... Produktionsleitung; die Produktionsleitung innehabende Person
Plural: die Produzierenden; Produktionsteam

Professor .... eine Professur innehabende Person; Prof; Person mit Professur
Plural: Professorenschaft

Profi .... bereits genderneutral

Programmierer .... programmierende Person
Plural: die Programmierenden; die Softwareerstellenden

Projektentwickler .... Projektentwicklung

Projektleiter .... Projektleitung
Plural: die Projektleitenden

Projektpartner .... projektbeteiligte Person
Plural: die Projektbeteiligten; die Projektmitwirkenden

Prokurist .... Person mit Prokura; bevollmächtigte Person
Plural: die Bevollmächtigten; die Prokura Innehabenden; die Prokura Ausübenden

Prominenter .... prominente Persönlichkeit
Plural: bereits genderneutral

Protagonist .... Figur; Hauptperson; Hauptfigur; Hauptcharakter; zentrale Gestalt; Schlüsselfigur; Titelrolle

Protestant .... Person evangelischen/protestantischen Glaubens; evangelisch/protestantisch gläubige Person
Plural: die evangelisch/protestantisch Gläubigen

Prüfer .... Prüfungsleitung; Prüfungsabnahme durch ...; geprüft von ...; Person, die prüft; prüfende Person
Plural: die Prüfenden

Psychologe .... psychologische Fachkraft

Psychotherapeut .... psychotherapeutische Fachkraft
Plural: psychotherapeutisches Fachpersonal

Putzfrau .... Reinigungskraft; Raumpflege
Plural: Reinigungspersonal; Putzleute

Querdenker ········· querdenkende Person
Plural: die Querdenkenden

Quereinsteiger ········· quereinsteigende Person; fachfremde Person
Plural: die Quereinsteigenden; die Fachfremden

Rabbiner ········· Mitglied des Rabbinats
Plural: Rabbinat

Radfahrer ········· Person auf dem Fahrrad; Fahrrad; Fahrrad fahrende Person; wer mit dem Fahrrad unterwegs ist ...
Plural: die Fahrrad Fahrenden; die Radelnden

Achtung, ein Fahrrad überholt.

Randalierer ········· randalierende Person
Plural: die Randalierenden

Ranger ········· Bewachung in Schutzgebieten; Gebietsüberwachung

Raser ········· rasende Person
Plural: die Rasenden

Rassist ········· rassistische Person

Ratgeber ········· Wegbegleitung; Beistand; ratgebende/beratende Person
Plural: die Ratgebenden

Ratsherr ········· Mitglied des Stadtrats

Raucher ········· rauchende Person; Person, die raucht
Plural: die Rauchenden

Raucherabteil ········· Abteil für Rauchende; Abteil zum Rauchen

Raucherbereich ········· Bereich für Rauchende; Bereich zum Rauchen; Rauchbereich

Raucherpause ········· Zigarettenpause; Pause

Rechnungsprüfer ········· Rechnungsprüfung; Person, die die Rechnungsprüfung macht; Person, die für die Rechnungsprüfung verantwortlich ist
Plural: die Rechnungsprüfenden; die Verantwortlichen für die Rechnungsprüfung

Rechteinhaber .... rechteinhabende Person
Plural: die Rechteinhabenden

Rechter .... rechts gesinnte Person
Plural: bereits genderneutral

Rechtsanwalt .... Mitglied der (Rechts-)Anwaltschaft; Rechtsvertretung
Plural: die Angehörigen rechtsberatender Berufe

Rechtshänder .... rechtshändige Person

Redakteur .... Redaktion; Redaktionsmitglied

Redner .... referierende Person; vortragende Person
Plural: die Referierenden; die Vortragenden

Rednerliste .... Redeliste

Rednerpult .... Redepult

Referendar .... Person im Referendariat; Lehrkraft im Referendariat; LiV (Lehrkraft im Vorbereitungsdienst)

Referent .... referierende Person; vortragende Person
Plural: die Referierenden; die Vortragenden

Regierungschef .... Staatsoberhaupt; Regierung anführende Person

Regisseur .... Regie

Reiseleiter .... Reiseleitung

Reisender .... reisende Person
Plural: die Reisenden

Reiserückkehrer .... zurückreisende Person; rückkehrende Person
Plural: die Zurückreisenden; die Rückkehrenden

Reiter .... Person, die reitet; Person auf dem Pferd
Plural: die Reitenden

Rektor .... Schulleitung

Rentner .... Person im Ruhestand; Person in Rente; Person im Rentenalter

Reporter .... Presse; berichterstattende Person; Medienvertretung

Beim Empfang der Königin gab es ein großes Presseaufkommen.

Repräsentant .... Vertretung; Repräsentanz

Retter .... rettende Person
Plural: die Rettenden

Rettungssanitäter .... Rettungskraft; Rettungssanitätsdienst

Rettungsschwimmer .... aus dem Wasser rettende Person
Plural: die Rettungsschwimmenden

Rezeptionist .... Empfang; Person am Empfang; Rezeption
Plural: Personal am Empfang

Sollten Sie Unterstützung brauchen, melden Sie sich gerne an der Rezeption.

Richter .... rechtsprechende Person
Plural: Richterschaft

Ritter .... Person in Rüstung; Person mit Orden
Plural: die Angehörigen des Ritterstandes

Ritterschlag .... Belobigung; Ehrung; höchste Anerkennung einer Person

Rivale .... Konkurrenz; Gegenpart

Rollstuhlfahrer .... Person im Rollstuhl

Rückkehrer .... rückkehrende Person
Plural: die Rückkehrenden

Ruderer .... rudernde Person
Plural: die Rudernden

Sachbearbeiter .... Verwaltungskraft; Sachbearbeitung
Plural: die Sachverständigen

Sachverständiger .... Person mit Sachverstand in ...

Das Unternehmen sucht zwei Personen mit Sachverstand in Arbeitssicherheit.

Sammler ········ sammelnde Person
Plural: die Sammelnden

Sänger ········ Stimme; Act; singende Person
Plural: Chor; Choraktive; Gesangsgruppe; die Singenden

Welche Acts treten in der Fernsehshow auf? An der Oper singen 30 Stimmen hauptberuflich. Der Chor verzauberte das Publikum.

Sanitäter ········ Rettungskraft; Sanitätsdienst

Säugling ········ bereits genderneutral

Schatzmeister ········ Finanzvorstand; Kassenführung; Kassenverwaltung

Am Ende der Sitzung wurde eine neue Kassenverwaltung benannt.

Schauspieler ········ Rolle; Besetzung; darstellende Person
Plural: die Darstellenden

Schiedsrichter ········ Spielleitung; schiedsrichtende Person; schiedsrichtendes Gremium; Schiedsgericht

Schirmherr ········ Support; gefördert/unterstützt von …

Schirmherrschaft ········ Support; gefördert/unterstützt von …; Vorstand; Repräsentanz

Schläger ········ schlagende Person
Plural: die Schlagenden

Schlichter ········ schlichtende Person; Schlichtungsperson
Plural: die Schlichtenden

Schmied ········ auf die Schmiedekunst / das Schmiedehandwerk spezialisierte Person

Schneemann ········ Schneefigur

Schöpfer ········ (er)schaffende Person
Plural: die Erschaffenden; Schaffenden

Schreiber ········ schreibende Person
Plural: die Schreibenden

Schriftführer ········ schriftführende Person; Protokoll
Wer protokolliert heute?

Schriftsteller ········ (Bücher/Romane/Erzählungen etc.) schreibende Person
Plural: die Verfassenden; die Schreibenden; die Literaturschaffenden

Schuhmacher ········ schuhherstellende Fachkraft

Schulabbrecher ········ Person ohne Schulabschluss

Schulbegleiter ········ Schulbegleitung

Schuldiger ········ schuldige Person
Plural: bereits genderneutral

Schuldner ········ die in Schuld stehende Person

Schüler ········ Schulkind; Klassenmitglied; lernende Person; Kind
Plural: Jugendliche; Klasse; die Lernenden; die Beschulten; Schülerschaft

Schüleraustausch ········ Schulaustausch

Schülerausweis ········ Schulausweis

Schülerlabor ········ Schullabor

Schülerzeitung ········ Schülerschaftszeitung

Schulleiter ········ Schulleitung

Schulsozialarbeiter ········ Fachkraft für Schulsozialarbeit

Schütze ········ schießende Person; Schuss abgebende Person

Schwesternzimmer ········ Dienstzimmer; Stationszimmer; Pflegestützpunkt

Schwimmer ········ schwimmende Person; Person mit Spaß am Schwimmen
Plural: die Schwimmenden

Schwimmmeister ········ Badeaufsicht

Seefahrer ········ Person zur See
Plural: Seeleute

Seemann ········ Hochseefachkraft; maritime Fachkraft
Plural: Seeleute

Segler ········ segelnde Person; Person im Segelsport

Sehr geehrte Damen und Herren! ········ Guten Tag! Sehr geehrtes Team der Muster GmbH! Sehr geehrter Kundenservice der Muster GmbH! Sehr geehrte Führungskräfte! Sehr geehrte Beschäftigte! Sehr geehrtes Publikum! Sehr geehrte Tagungsteilnehmende! Sehr geehrte Anwesende! Sehr geehrte Mitwirkende! Sehr geehrtes Kollegium! Sehr Geehrte! Sehr geehrte Zuständige! Sehr geehrte Abteilung B! Seien Sie alle herzlich gegrüßt! Liebes Team! Liebe Menschen! Herzlich willkommen an alle! Hallo in die Runde! Hallo zusammen! (vgl. »14 häufige Fragen«, Seite 45)

seinerzeit ········ zu jener Zeit; damals; einst; früher

seinesgleichen ········ von gleicher Art

Seiteneinsteiger ········ Person mit Seiteneinstieg/Quereinstieg

Sekretärin ········ Verwaltungskraft; Assistenz; Schreibkraft; Bürokraft; Sekretariat

Im Sekretariat kann man einen Termin mit der Geschäftsführung vereinbaren.

Selbstabholer ········ Selbstabholung

10% Rabatt bei Selbstabholung

Selbstdarsteller ········ sich selbst darstellende Person

Selbstmörder ········ einen Suizid begehende Person

Selbstständiger ········ selbstständig arbeitende Person; selbstständige Person; freiberuflich tätige Person
Plural: bereits genderneutral

Sender ········ gesendet von ...
Plural: die Sendenden

Senior ········ ältere Person; Person im Rentenalter; Person im dritten Lebensalter

Seniorenbeirat ········ Älterenbeirat; Ruhestandsbeirat; Beirat für das dritte Lebensalter

Showmaster ········ Showleitung; Showmoderation; moderierende Person

Siedler ········ ansässige Person; siedelnde Person
Plural: die Ansässigen; die Siedelnden

Sieger ········ erster Platz; erstplatzierte Person

Siegerehrung ········ Preisverleihung; Bestenehrung; Bestenauszeichnung; Ehrung der gewinnenden Person

Skeptiker ········ skeptische Person; (an etwas) zweifelnde Person

Sklave ········ versklavte Person; in Sklaverei gehaltene Person; unfreie Person; leibeigene Person
Plural: die Versklavten; die in Sklaverei Gehaltenen; die Unfreien; die Leibeigenen

Softwareentwickler ········ Software entwickelnde Person

Solist ········ Solopart

Sozialarbeiter ········ Fachkraft für soziale Arbeit
Plural: die Sozialarbeitenden

Sozialisten ········ sozialisitsch eingestellte Person
Plural: die Sozialismusbegeisterten; die Sozialismusüberzeugten; die sozialisitsch Eingestellten

Sozialpädagoge ········ sozialpädagogische Fachkraft

Sparer ········ sparende Person
Plural: die Sparenden

Spaßverderber ········ Spaßbremse

Spaziergänger ········ Person zu Fuß; spazierende Person; wandernde Person; Wandersperson

Spender ········ spendende Person; gebende Person
Plural: die Spendenden; die Gebenden; Sponsoring; Spenden

Spezialist .... (auf ein Thema) spezialisierte Person
Plural: Fachleute; die Sachkundigen; die Sachverständigen

Spieler .... Teammitglied; spielende Person
Plural: die Spielenden

Spielleiter .... Spielleitung; Spielmoderation

Spielverderber .... spielverderbende Person; Spaßbremse

Spion .... auskundschaftende Person; spionierende Person

Spitzenvertreter .... Spitzenvertretung

Sponsor .... Sponsoring; geldgebende Person; unterstützende Person
Plural: Sponsoringkreis; die Sponsoringbeteiligten

Sportfreund .... Mitglied des/unseres Vereins
Liebe Mitglieder unseres Vereins! Schön, dass Ihr heute zur Vollversammlung gekommen seid.

Sportler .... Sport treibende Person; sportlich aktive Person
Plural: die Sporttreibenden; die sportlich Aktiven

Sprecher .... Medien Stimme; Text gesprochen von ...; Moderation; Kommentar; Ansage; sprechende Person
Plural: die Sprechenden
einer Institution Sprachrohr; Pressestelle; Kommunikationsprofi; Öffentlichkeitsarbeit

Springer .... Ersatz; Vertretung; Stellvertretung; Springdienst

Staatsbürgerschaft .... Staatsangehörigkeit; Nationalität

Staatsmann .... volksbeauftragte Person; Person in der Politik; Mitglied des Bundestags / Bundesrats / der Regierung / ...; MdB
Plural: die Volksbeauftragten; Staatsleute

Stadtführer .... Stadtführung; Reiseleitung; Guide

Stakeholder .... anspruchsberechtigte Person; Interessenvertretung
Plural: die Anspruchsberechtigten; Anspruchsgruppe

Star .... bereits genderneutral

Statist .... stumme Rolle; Person ohne Sprechrolle; Nebenfigur

Steinmetz ········ Steine bearbeitende Person

Stellvertreter ········ Stellvertretung

Steuerberater ········ Steuerberatung; Steuerkanzlei; zu Steuern beratende Person
Plural: die Angehörigen der steuerberatenden Berufe

Steuerhinterzieher ········ steuerhinterziehende Person
Plural: die Steuerhinterziehenden

Steuerzahler ········ steuerzahlende Person; steuerpflichtige Person
Plural: die Steuerzahlenden

stiefmütterlich ········ achtlos; nachlässig; gleichgültig; lieblos

Stipendiat ········ geförderte Person
Plural: Studierende mit Stipendium; die Geförderten

Störer ········ störende Person
Plural: die Störenden

Straftäter ········ straffällige Person

Strahlemann ········ Sonnenschein

Das Baby ist immer gut drauf, es ist ein kleiner Sonnenschein.

Stratege ········ strategisch agierende Person; planvoll handelnde Person

Strichmännchen ········ Strichfigürchen; Strichmensch; Strichmenschlein

Strohmann ········ Strohmensch
Plural: Strohleute

Student ········ Studi; Mitglied der Studierenden
Plural: die Studierenden

Studentenstadt ········ Studistadt; Universitätsstadt; Hochschulstadt; Studierendenstadt

Studentenwerk ········ Studierendenwerk

Studentenwohnheim ········ Studierendenwohnheim

Studienanfänger ········ Person im ersten Semester; Person zu Studienbeginn
Plural: die Studierenden im ersten Semester; Erstis; Hochschulneulinge; die Neuen auf dem Campus

Studierendenzahl steigt: Zum Wintersemester gibt es wieder viele Neue auf dem Campus.

Supporter ········ mitwirkende Person; befürwortende Person; Support
Plural: die Mitwirkenden; die Befürwortenden

Tagesmutter ········ Tagespflege(person); Tagesbetreuung; Kinderbetreuung
Plural: Tageseltern

Tänzer ········ tanzende Person
Plural: die Tanzenden; die Tanzbegeisterten

Täter ········ Unrechtsperson; straffällig gewordene Person; (Straf-)Tat begangen von ...
Plural: die Tatbegehenden; die Kriminellen

Taucher ········ Tauchsport ausübende Person; tauchende Person

Teamleiter ········ Teamleitung

Teamplayer ········ teamfähige Person

Techniker ········ technische Fachkraft

Teilnehmer ········ mitwirkende Person; teilnehmende Person; Person, die an ... teilnimmt
Plural: die Teilnehmenden; die Beteiligten; die Mitmachenden; die Anwesenden; Anmeldungen

Mit wie vielen Anmeldungen rechnest du bei der Veranstaltung? Alle, die teilnahmen, waren zufrieden.

Teilnehmergebühr ········ Teilnahmegebühr; Kursgebühr; Kosten

Teilnehmerliste ········ Teilnahmeliste; Anwesenheitsliste; Teilnehmendenliste

Teilnehmerzahl ········ Teilnahmezahl; Gruppengröße; Anmeldezahl; Anzahl der Teilnehmenden

Terrorist ········ des Terrors verdächtigte Person; eines Terroranschlags überführte Person

Tester .... testende Person
Plural: die Testenden

Therapeut .... therapeutische Fachkraft
Plural: die Therapierenden; therapeutisches Fachpersonal

Tierarzt .... tiermedizinische Fachkraft
Plural: tiermedizinisches Fachpersonal

Tierhalter .... tierhaltende Person

Tierschützer .... im Tierschutz engagierte Person
Plural: die Tierschützenden; die Tierschutzengagierten

Töpfer .... töpfernde Person

Torhüter .... torhütende Person

Torwart .... torhütende Person

Tourist .... reisende Person; Person im Urlaub; touristische Person
Plural: die Reisenden

Die Insel hat im Sommer viele Personen, die hier Urlaub machen.

Trainer .... Übungsleitung; moderierende Person
Plural: die Moderierenden; die Referierenden; die Vortragenden; die Unterrichtenden; die Lehrenden

Träumer .... träumende Person
Plural: die Träumenden

Treuhänder .... treuhändisch beauftragte Person

Trompeter .... Trompete spielende Person

Tüftler .... tüftelnde Person

Tutor .... studentische Hilfskraft; Übungsgruppenleitung; Tutoriumsleitung
Plural: die Übungs(an)leitenden; die Tutoriumsbegleitenden; die Ratgebenden

Überbringer .... überbringende Person
Plural: die Überbringenden

übermannen ········ überkommen; überwältigen

Übersetzer ········ übersetzende Person
Plural: die (Literatur) Übersetzenden

Übungsleiter ········ sportliche/technische/praktische Anleitung; anleitende Person
Plural: die Übungsleitenden

Unbekannter ········ unbekannte Person
Plural: bereits genderneutral

unbemannt ········ ohne Besatzung; personenlos; unbesetzt; autonom; maschinengesteuert; ferngesteuert; robotisch

Unternehmer ········ gewerbebetreibende Person; selbstständige Person
Plural: die Selbstständigen; Geschäftsleute; die Gewerbebetreibenden

Unterstützer ········ Support; Unterstützung; unterstützendes Unternehmen; unterstützende Person; Förderung durch ...
Plural: die Unterstützenden; die Geldgebenden; die Mitwirkenden; die Befürwortenden

Unterzeichner ········ unterzeichnende Person; unterzeichnende Partei; Unterschrift
Plural: die Unterzeichnenden; die Unterschreibenden

Urheber ········ Person der Urheberschaft

Urheberrecht ········ Recht auf Urheberschaft

Urlauber ········ reisende Person; Person im Urlaub
Plural: die Reisenden; die Urlaubenden

User ········ die nutzende Person; Person, die Apps/Software nutzt; Mitglied
Plural: die Nutzenden

Vaterland ········ Heimatland; Geburtsland; Erstland

Veganer ········ vegan lebende Person; vegan essende Person
Plural: die vegan Lebenden; die vegan Essenden

Vegetarier ········ vegetarisch lebende Person; vegetarisch essende Person
Plural: die vegetarisch Lebenden; die vegetarisch Essenden

Veranstalter ········ veranstaltende Person; veranstaltet durch/von ...; Organisation; Ausrichtung
Plural: die Veranstaltenden; die Einladenden

Verantwortlicher ········ verantwortungtragende Person; verantwortliche Person
Plural: bereits genderneutral

Verbraucher ········ konsumierende Person; Privatperson; verbrauchende Person
Plural: die Verbrauchenden; die Konsumierenden; Kundschaft

Verbraucherschutz ········ Konsumierendenschutz

Verbrecher ········ Person, die eine Straftat / ein Verbrechen begeht

Verbündeter ········ ein Bündnis einhaltende Person; verbündete Person
Plural: bereits genderneutral

Bald wird sich zeigen, wer unsere verbündete Person ist.

Verfasser ········ verfasst von ...; Autorenschaft

Der Zeitungsartikel wurde von drei Betroffenen verfasst.

Verfechter ········ für einen Standpunkt einstehende Person; für etwas einstehende Person

Verfolger ········ verfolgende Person

Verhandlungspartner ········ Verhandlungsgegenseite; Verhandlungsgegenüber

Verkäufer ········ verkaufende Person; Verkaufskraft; Verkaufsperson
Plural: Personal; Kaufhauspersonal; die Anbietenden; die Handeltreibenden; die Verkaufenden

Verkehrssünder ········ Verkehrsregeln missachtende Person; gegen Verkehrsregeln verstoßende Person

Verkehrsteilnehmer ········ verkehrsbeteiligte Person
Plural: die Verkehrsbeteiligten

Verleger ········ publizierende Person
Plural: die Publizierenden

Verleiher ········ verleihende Person

Verletzter ······ verletzte Person
Plural: bereits genderneutral

Verlierer ······ der letzte Platz; besiegte Person
Plural: die Besiegten; die Unterlegenen; die Letzten

Verlobter ······ verlobte Person
Plural: bereits genderneutral

Vermieter ······ vermietende Person
Plural: die Vermietenden

Vermittler ······ Mittelsperson

Versender ······ versendende Person; versendet von ...
Von wem wird der Newsletter versendet?

Versichertenkarte ······ Versicherungskarte; Gesundheitskarte; Krankenkassenkarte

Verteidiger ······ Verteidigung; Rechtsvertretung

Vertragspartner ······ Vertragspartei; Vertragsperson

Vertreter ······ in vertretender Position; Mitglied; Vertretung; vertreten durch ...
Plural: die Delegierten; die Abgesandten; die Abgeordneten; die Beauftragten; die Vertretenden
Mitglieder der Presse

gesetzlicher Vertreter ······ gesetzliche Vertretung; gesetzlich vertretende Person

Verursacher ······ verursachende Person
Plural: die Verursachenden

Verwalter ······ verwaltende Person/Firma/Institution; Verwaltung

Verwandter ······ Familienmitglied
Plural: bereits genderneutral

Virologe ······ Person mit fachärztlicher Ausbildung in Virologie

Visionär ······ Person mit Weitblick; Person mit Visionen

Vizepräsident ······ Vizevorsitz; Vizepräsidentschaft; Vize

V-Mann ··· V-Person
Plural: V-Leute

Vordenker ··· vordenkende Person; wegbereitende Person

Vordermann ··· Person davor; Person, die davor kam; vorausgehende Person

Halten Sie 1,5 m Abstand zur Person davor.
Halten Sie 1,5 m Abstand zur vorausgehenden Person.

Vorgänger ··· vorangegangene Person; Person vor mir

Vorgesetzter ··· Führungskraft
Plural: bereits genderneutral

Vorleser ··· vorlesende Person
Plural: die Vorlesenden

Vormund ··· die Vormundschaft innehabende Person; Vormundschaft

Wer hat die Vormundschaft dieser Patientin?

Vorreiter ··· Person an der Spitze; Person, die etwas vorlebt; Person, die vorausdenkt

Der Fachartikel befasst sich mit Personen, die beim Thema nachhaltige Energiegewinnung vorausdenken.

Vorreiterrolle ··· Führungsrolle

Vorsitzender ··· den (ersten) Vorsitz hat ...

Vorstand ··· Vorstandsmitglied; im Vorstand

Wachmann ··· Person, die etwas bewacht
Plural: Wachpersonal

Wächter ··· Wache

Wähler ··· wahlberechtigte Person; Person, die gewählt hat
Plural: die Wählenden; die Wahlberechtigten; alle, die zur Wahl gegangen sind; alle, die ihre Stimme abgegeben haben; die Stimmberechtigten; Wahlvolk

Wahlhelfer ··· Wahlhilfe; bei der Wahl helfende Person
Plural: die Wahlhelfenden

Wahlmänner	Wahlleute (nur Plural)
Wanderer	wandernde Person; Person auf Wanderung Plural: die Wandernden
Wegbegleiter	wegbegleitende Person; Wegbegleitung Plural: die Wegbeleitenden
Wegbereiter	wegbereitende Person; prägende Person Plural: die Prägenden; die Wegbereitenden
Weggefährte	Wegbegleitung; den Weg begleitende Person
Weltenbummler	weltreisende Person Plural: die Weltreisenden
weltmännisch	kosmopolitisch; weltgewandt
Werkstudent	Werkstudi; studentische Hilfskraft; studentische Stelle; studentischer Job Plural: die Werkstudierenden
Wettbewerber	Konkurrenz; wettbewerbsteilnehmende Person Plural: die Wettbewerbsteilnehmenden
Widersacher	Widerpart; Konkurrenz
Widerstandskämpfer	widerstandleistende Person; Person im Widerstand Plural: die Widerstandleistenden
Wilderer	wildernde Person; Person, die wildert; Person, die unbefugt jagt Plural: die Wildernden
Winzer	Weinbau betreibende Person; Person mit Weinberg Plural: die Weinbaubetreibenden
Wirtschaftsprüfer	Person im wirtschaftsprüfenden Beruf Plural: die Wirtschaftsprüfenden; Angehörige der wirtschaftsprüfenden Berufe
Wirtschaftswissenschaftler	forschende Person der Wirtschaft(swissenschaft) Plural: die Forschenden der Wirtschaft(swissenschaft); Fachleute der Wirtschaftswissenschaft

Wissenschaftler .... Person aus der Wissenschaft; forschende Person; wissenschaftliche Arbeitskraft
Plural: die Forschenden; wissenschaftliches Personal der Universität

Witwer .... verwitwete Person
Plural: die Verwitweten

Youtuber .... auf Youtube performende Person; Person auf Youtube; einen Youtube-Kanal betreibende Person
Plural: die auf Youtube Performenden; die einen Youtube-Kanal Betreibenden

Zahlungsempfänger .... zahlungsempfangende Person
Plural: die Zahlungsempfangenden

Zauberer .... Zaubertrick vorführende Person; Zauberkraft ausübende Person; Person mit Zauberkraft
Plural: die Zauberkunstschaffenden

Zeitgenosse .... Mitmensch

Zeitzeuge .... zeitbezeugende Person; vor Ort gewesene Person; Person, die historische Vorgänge miterlebt hat

Zeuge .... bezeugende Person
Plural: die Bezeugenden

Zimmerer .... Zimmereifachkraft

Zimmermädchen .... Servicekraft; Raumpflege; Reinigungskraft

Zimmermann .... Zimmereifachkraft

Zivilist .... Zivilperson
Plural: zivile Bevölkerung

Züchter .... Fachperson für Tier-/Pflanzen-/...-Zucht

Zuhörer .... Person aus dem Publikum
Plural: Publikum; Auditorium; die Zuhörerschaft; die Zuhörenden; Zielgruppe

Das Publikum der Radiosendung beteiligte sich rege an der Diskussion.

Zuschauer ········ Person aus dem Publikum
Plural: Publikum; die Zuschauenden; die Zusehenden; Zielgruppe

Zuschauerquote ········ Einschaltquote

Zuschauerraum ········ Zuschauraum; Publikumsraum

Zuschauerzahl ········ Publikumszahl

Zuwanderer ········ zugewanderte Person; Person mit Migrationshintergrund/-geschichte/-biografie; Person mit internationaler Geschichte
Plural: die Zugewanderten

Zweifler ········ Person mit Zweifel; zweifelnde Person
Plural: die Zweifelnden

ANHANG

Platz für eigene Lösungen und Ideen

Register

Redaktion: Dr. Laura Neuhaus

Umschlaggestaltung, Layout und Satz: Carsten Aermes

www.duden.de

www.cornelsen.de

1. Auflage, 1. Druck 2023

Druck: AZ Druck und Datentechnik GmbH, Kempten

ISBN 978-3-411-75693-3

Auch als E-Book erhältlich unter: ISBN 978-3-411-91440-1